역사를 읽으면 통찰력을 얻는다
중국역사를 읽으면 중국으로 가는 길이 보인다

21일간의 이야기만화 역사기행

만리 중국사

COMIC VERSION OF CHINESE HISTORY 1, 2, 3

Copyright ⓒ 中国美术出版社总社连环画出版社, 2011；编绘：孙家裕；主笔：尚嘉鹏
Korean translation copyright ⓒ Korean Studies Information Co., Ltd., 2013
Korean translation rights of 《COMIC VERSION OF CHINESE HISTORY》
arranged with LIANHUANHUA PUBLISHER directly.

21일간의 이야기만화 역사기행

만리 중국사

01권 상고 / 하상주

초판발행 2014년 1월 15일
초판 2쇄 2019년 1월 11일

글·그림 쑨자위
글 상자펑
옮긴이 류방승
펴낸이 채종준
기획 권성용
편집 정지윤, 백혜림
디자인 박능원, 이효은
마케팅 송대호, 정경철, 이행은

펴낸곳 한국학술정보(주)
주소 경기도 파주시 회동길 230 (문발동 513-5)
전화 031) 908-3181(대표)
팩스 031) 908-3189
홈페이지 http://ebook.kstudy.com
전자우편 출판사업부 publish@kstudy.com
등록 제일산-115호(2000. 6. 19)

ISBN 978-89-268-5417-4 14910
      978-89-268-5416-7 14910 (set)

中原 중원의 하늘을 열다

01권 상고 / 하 상주

쑨자위 글 · 그림
상자펑 글

만리
중국사

21일간의 이야기만화 역사기행

이담 BOOKS

중국은 세계 4대 문명 발상지 가운데 하나다. 중화 문명은 아득히 먼 옛날부터 수천 년 동안 전해져 내려오며 상고上古, 하夏, 상商, 주周, 춘추春秋, 전국戰國, 진秦, 서한西漢, 동한東漢, 삼국三國, 서진西晉, 동진東晉, 남북조南北朝, 수隋, 당唐, 오대십국五代十國, 송宋, 요遼, 서하西夏, 금金, 원元, 명明. 청淸 등의 역사 시대를 거쳤다.

중화 문명은 세계에서 가장 오래된 문명이자 가장 오래 지속된 문명이기도 하다. 중화 문명과 어깨를 나란히 한 문명으로는 고대 바빌론 문명, 고대 그리스 문명, 고대 이집트 문명 등이 있다. 어떤 문명은 중국보다 먼저 발생하고, 또 범위도 훨씬 넓었지만 이들은 이민족의 침입 혹은 스스로의 부패로 인해 멸망하여 결국 기나긴 역사 속에서 연기처럼 사라져 버렸다. 중국만이 세계에서 유일하게 문명 대국을 자랑하며 유구한 역사를 이어 오고 있다.

수천 년 동안 중화 민족은 무엇에도 굴하지 않는 강인한 의지와 과감한 탐구 정신, 총명한 지혜로 웅장한 역사의 장을 엶과 동시에 눈부시게 찬란한 물질문명과 정신문명을 창조했다.

이 책의 편집 제작은 정사正史를 바탕으로 진실하고 객관적인 사실을 전달하는 데 주력했다. 또한 역사를 만화 형식으로 풀어 씀으로써 독자들이 아름답고 다채로우며 생동감 넘치는 장면을 느끼리라 기대한다. 독자 여러분들이 쉽고 재미있게 읽는 가운데 역사를 직접 느끼고 역사에 융화되어 깨닫는 바가 있기를 바란다.

지롄하이紀連海
중국 CCTV '백가강단百家講壇' 강사

중원中原의 하늘을 열다

상고시대는 중국 역사에서 가장 화려하고 기이한 시대다. 반고의 천지개벽, 여와의 사람 창조, 해를 쏜 후예, 온갖 풀을 맛본 신농씨, 황제·염제와 치우의 전쟁, 우임금의 치수 등 수많은 신화와 전설은 사람들을 끝없는 상상의 나래 속으로 빠져 들게 한다.

중국 상고시대의 신화와 전설은 꿋꿋하고 원대한 중국의 민족정신을 관통하고 있다. 이런 민족의 넋이 대대로 전해지면서 중화 민족의 혈맥에 깊이 유입되어 중국 민족정신의 정수가 되고 각각의 중국인에게 커다란 영향을 미치고 있다.

상고시대에는 현명하고 능력 있는 사람이 추천을 받아 부락 지도자에 올랐다. 역사에서는 이를 '선양禪讓'이라고 부른다. 요·순·우 세 임금은 선양을 통해 지도자 자리에 올라 백성을 잘 다스려 후대에 성인聖人으로 추앙받았다. 그런데 우임금의 아들인 계가 이 전통을 깨뜨렸다. 우임금이 죽자 계는 우임금이 추천한 후계자를 죽이고 지도자 자리에 오른 후 부자세습父子世襲의 새로운 시대를 열었다. 이로부터 중국 역사에 최초의 세습제 왕조인 하나라가 출현했다.

하나라의 건립은 기나긴 원시사회가 사유제 사회로 대체된 역사의 진보를 뜻했다. 4백여 년간 이어진 하나라는 말기에 통치자들이 점점 부패하자 탕왕이 군사를 일으켜 하나라를 멸망시키고 상나라를 건립했다. 상나라는 6백여 년간 지속되었다. 상나라 말기에 이르러 주왕이 잔혹한 통치를 펼치자 주나라 무왕이 제후들과 힘을 합쳐 상나라를 멸망시켰다. 이로써 중국 역사는 주나라 시대로 접어들었다. 3백 년 후 주 유왕이 포사에게 빠져 봉화를 피워 제후들을 희롱하다가 결국 견융에게 살해되면서 주나라가 크게 쇠퇴했다. 이후 주나라는 낙읍으로 천도했는데, 이를 기점으로 주 왕실의 권력이 약화되고 제후들의 세력이 급속히 강해졌다. 낙읍 천도 이전을 서주, 이후를 동주라고 부른다.

시대별 주요 사건

상고 上古		B.C. 약 800만~2000년
하 夏		B.C. 2070~1600년
상 商		B.C. 1600~1046년
주 周		B.C. 1046~771년
춘추 春秋		B.C. 770~403년
전국 戰國		B.C. 403~221년
진 秦		B.C. 221~206년
한 漢	서한 西漢	B.C. 206~A.D. 25년
	동한 東漢	25~220년
삼국 三國_위·촉·오		220~280년
양진 兩晉	서진 西晉	265~317년
	동진 東晉	317~420년
남북조 南北朝		420~581년
수 隋		581~618년
당 唐		618~907년
오대십국 五代十國		907~960년
송 宋	북송 北宋	960~1127년
	남송 南宋	1127~1279년
요 遼		907~1125년
서하 西夏		1038~1227년
금 金		1115~1234년
원 元		1271~1368년
명 明		1368~1644년
청 淸		1644~1911년

상고 上古

- 반고의 천지개벽
- 삼황(복희씨, 여와씨, 신농씨)
- 오제(황제, 전욱, 제곡, 요, 순)

하 夏

- B.C. 2070~1979년 순에 이어 우가 하나라를 다스림, 계가 선양제를 세습제로 전환함.
- B.C 1938~1936년 예와 착의 반란, 소강이 하나라를 중흥함.
- B.C 1600년 하나라를 망친 걸왕

상 商

- B.C. 1600년 성탕이 하나라를 멸하고 상나라를 세움.
- B.C. 1300년 '은'으로 천도한 반경
- B.C. 1250년 무정이 부열을 재상으로 발탁
- B.C. 1250~1192년 무정의 중흥
- B.C. 1191~1169년 조갑의 정치 개혁
- B.C. 1046년 주 무왕이 상나라를 멸함.

주 周

- B.C. 1046년 목야 전투, 무왕이 주를 세우고 봉건 제도를 실시함.
- B.C. 1042년 주공단의 섭정攝政
- B.C. 1038년 삼숙의 반란 평정, 주공이 제후를 봉함.
- B.C. 1035년 주공의 실의와 죽음
- B.C. 1042~996년 성강의 치세治世
- B.C. 985년 소왕의 형초 정벌
- B.C. 965~961년 목왕의 서역 정벌
- B.C. 841년 백성의 폭동과 소공과 정공의 공화정共和政
- B.C. 827년 선왕의 중흥
- B.C. 779년 유왕이 봉화烽火로 제후들을 놀림.
- B.C. 771년 유왕의 죽음과 서주의 멸망

차례

◎ 추천사 05

◎ 들어가며 06

◎ 시대별 주요사건 07

상고

◎ 혼돈을 깬 반고, 천지를 개벽하다 15

◎ 화난 공공이 부주산을 들이받다 27

◎ 여와가 돌을 녹여 하늘을 메우다 39

◎ 후예가 해를 쏘다 51

◎ 신농씨가 온갖 약초를 맛보다 63

◎ 황제와 염제의 판천 전투 75

◎ 황제와 치우의 탁록 대전 87

◎ 요가 순에게 선양하다 99

◎ 치수에 성공한 우임금 111

하상주 上

◎ 우를 이은 계, 선양제를 세습제로 바꾸다 129

◎ 하나라의 위기, 후예와 한착의 반란 141

◎ 하나라를 중흥한 소강 153

◎ 극악무도한 걸왕, 하나라를 기울게 하다 165

◎ 제비 알을 삼켜 상나라의 시조 설을 낳다 177

◎ 상나라의 도약, 성탕과 이윤의 만남 189

◎ 성탕이 하나라를 멸망시키다 201

◎ 반경, 천도를 결심하다 213

◎ 무정의 중흥으로 전성기를 구가하다 225

하상주 下

◎ 주왕의 폭정, 주지육림과 포락형 243

◎ 사람을 낚은 난세의 지략가 강태공 255

◎ 주나라를 번창시킨 문왕 267

◎ 절개를 지킨 백이와 숙제 279

◎ 무왕이 상나라를 멸하다 291

◎ 주공의 섭정 303

◎ 목왕, 서쪽 정벌을 감행하다 315

◎ 백성의 입을 틀어막은 여왕 327

◎ 거짓 봉화로 제후들을 놀리다 339

상고

◦ 혼돈을 깬 반고, 천지를 개벽하다

◦ 화난 공공이 부주산을 들이받다

◦ 여와가 돌을 녹여 하늘을 메우다

◦ 후예가 해를 쏘다

◦ 신농씨가 온갖 약초를 맛보다

◦ 황제와 염제의 판천 전투

◦ 황제와 치우의 탁록 대전

◦ 요가 순에게 선양하다

◦ 치수에 성공한 우임금

상고

上古

인물 소개

반고盤古
중국 고대 전설
에서 천지를
개벽한 신.

숙倏
중국 고대
전설 속
남해南海의 신.

홀忽
중국 고대
전설 속
북해北海의 신.

축융祝融
중국 고대
전설 속
불의 신으로
인류에게 불을
지피는 기술을
가르쳐 주었다.

공공共工
중국 고대 전설 속
물의 신으로
축융에게 패한 후
부주산을 들이받아
인류에게 재앙을
안겨 주었다.

신농씨神農氏
농업과 의약을 발명한
전설 속 인물로
온갖 약초를 맛보고
약재를 발견했다.

여와女媧
사람 머리에
뱀의 몸을 가진
중국 고대
전설 속 인물로
사람을 창조하고
하늘을 메웠다.

항아姮娥
후예의 부인으로
상아嫦娥라고도 불리며
훗날 하늘로 올라가
신선이 되어
달에 있는 선궁에서
살았다.

후예后羿
민간 전설로 내려오는
"후예가 해를 쏘다"의
신화 속 인물.

황제黃帝
중국 상고시대 부락
연맹의 우두머리로
중화 민족의 시조
가운데 하나다.

치우蚩尤
중국 상고시대 부락
연맹의 우두머리로
황제, 염제와의
전쟁에서 패했다.

염제炎帝
중국 상고시대 부락
연맹의 우두머리로
중화 민족의 시조
가운데 하나다.

요堯
황제 이후 황하黃河
유역 부락 연맹의
뛰어난 지도자.

우禹
치수治水에 능한
순의 계승자로
역시 황하 유역
부락 연맹의
뛰어난 지도자.

순舜
요의 왕위 계승자로
역시 황하 유역
부락 연맹의
뛰어난 지도자.

혼돈을 깬 반고, 천지를 개벽하다

천지개벽天地開闢
하늘과 땅이 처음으로 열림. 중국의 천지 창조 신화로 반고가 천지를 개벽했다고 함.

하늘과 땅이 아직 생기기 전에 세상에는 제왕 3명이 있었다. 이들은 각각 남제 숙, 중제 혼돈, 북제 홀이었다.

혼돈, 잘 있었어?

Hi~ 혼돈.

숙과 홀은 아직까지 안 온거야? 아, 짜증나!

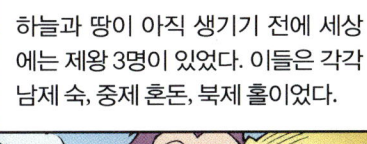

너희는 얼굴에 일곱 구멍이 있는데 나만 없어.

앞? 뒤?!

걱정 마. 우리가 뭘 가져왔는지 보라고!

망치! 이걸로 일곱 구멍을 뚫어 주지.

15

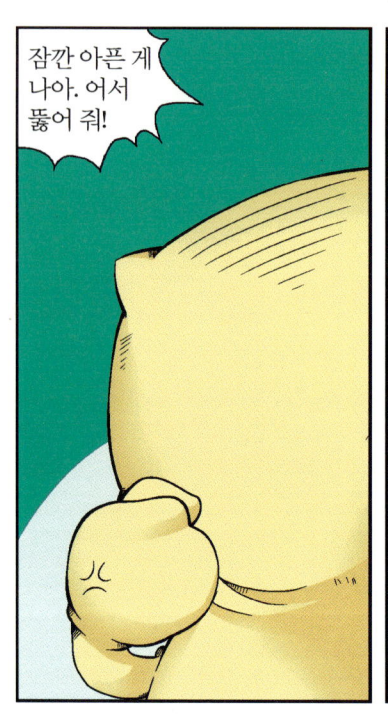

나도 **일곱 구멍**이 생겼다!

성공이야.

16

혼돈!
혼돈!

혼돈이
잘못된 것
같아……

엥? 혼돈이
달걀 모양으로
변했네.

아기
울음소리가
들려.

분명
혼돈의
아이일 거야.

응애
응애

그놈 코 고는
소리 한번
우렁차네!

자라는 속도도
아주 빨라.
이 아이 이름을
반고라고 짓자!

17

알에서 잠을 자던 반고가
1만 8천 년 후 마침내 깨어났다.

여긴 어디?
나는 누구?

여긴 너무
깜깜하고
덥군.

나가고
말겠어!

아야!
여긴 대체
어디야?

딱!

18

아무래도 날카로운 도구가 필요하겠어.

뽀록~

이 이빨로 시험해 보자.

펑

도끼로 변해랏!

앱!

다 부셔 버리겠어!

꽈르릉

꽈르릉

훗!

하늘!

땅!

하하하,
내가 하늘과
땅을 창조했다!

아!
신선한 공기~

반고 조카!

제가 반고라고요? 아저씨들은… 삼촌?

난 숙 삼촌, 이쪽은 홀 삼촌이야.

……

반고 너가 천지를 쪼갰는데 다시 합쳐지면 어떡하지?

이거 큰 문젠데요.

삼촌들, 좋은 방법 없어요?

글쎄다……

21

22

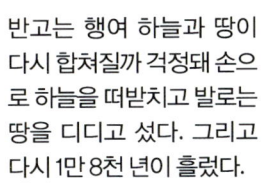

반고는 행여 하늘과 땅이 다시 합쳐질까 걱정돼 손으로 하늘을 떠받치고 발로는 땅을 디디고 섰다. 그리고 다시 1만 8천 년이 흘렀다.

숙, 무슨 고민 있어?

반고가 매일 열 자씩 자라고 있어. 저러다간 죽고 말 거야.

헉!!

그만두라고 말해보자고.

반고야, 천지가 이미 9만 리나 떨어졌어!

하하, 그렇게나 멀리요?

그만 손을 놔. 안 그러면 힘들어 죽어.

그 말을 들으니 정말 힘드네요.

헤헤, 정말 아름다운 세상이야……

쿵!

반고,
어서 일어나!

죽으면
안 돼!

제 몸으로
세상을
만들래요.
입김은 바람과
안개가 되고
소리는 벼락과
번개가 되며,

왼쪽 눈은
태양이 되고
오른쪽 눈은
달이 되어라.

아! 반고가
제 몸을 희생
하려나 봐!

머리카락은
뭐가
좋을까요?

별!
반짝반짝
빛나는 별!

별이라~
좋아요……

25

피는 강이 되고
살은 흙으로
변했네.

솜털까지도 꽃과
나무로 변하다니,
정말 대단해!

숙!
반고의 팔다리가
산맥이 되었어.

반고가
이 세계를
창조했어.

어!
저기 노래 부르고
춤추는 건 누구지?

저들은 사람이야.
반고의 지혜를 얻었지.
아름다운 이 세계의
수호자라고.

화난 공공이 부주산을 들이받다

상고시대, 황량한 세계에는 드넓은 삼림과 망망대해만 존재했다. 물의 신 공공은 넓은 동해에 살았고, 불의 신 축융은 곤륜산 위 광명궁에 살았다.

공공, 물과 불 중 어떤 게 더 우월하지?

물이 불을 끄니까 당연히 물이 더 낫지.

내 말을 못 믿겠다면 한 번 대결해 보자고.

흥! 꼭 그렇진 않아.

어떻게 대결할까?

무엇이 인류에게 더 유용한지 볼까?

좋아. 절~대 지지 않겠어!

하하, 넌 졌어. 사람들은 매일 물을 마시지만 불은 전혀 필요 없다고.

27

불이 정말 인류에게 쓸모가 없을까?

어디 앉아서 사냥한 고기나 먹고 가자.

응, 배고파 쓰러지겠어.

퉤~ 퉤, 들짐승의 날고기는 정말 맛없어.

전에 숲속에서 불에 구워진 고기를 주웠는데 맛이 끝내주더라고.

불에 구워?

그래?!

동해

밖이
왜 이렇게
시끄러워?

사람들이
불의 신에게
제사를 지내고
있습죠.

뭣이라?

불의 신이 불씨를
주시어 우리가 맛난
음식을 먹고 추위를
피할 수 있게 되었습니다.
감사합니다!

맘에
안 들어!

흥! 물과 불은
모두 인류에게
필요한 건데, 왜
나에게는 감사해
하지 않냐고!

이크.
화났다.

어느 날 남천문에 큰 화재가 발생했다.

이렇게 큰 불은 공공이 은하수의 물을 끌어 와야만 끌 수 있겠어.

동해

공공님, 축융이 사신을 보내 왔습니다.

유후~~ 드디어 복수의 기회가 왔군.

공공님, 축융님이 남천문의 불을 꺼 달라고 부탁 하십니다.

유감스럽게도 지금 몸이 몹시 아프다.

멀쩡 하구만 ……

남천문

불길이 천궁까지 번졌는데도 공공이 병을 핑계로 안 온단 말이지.

됐다 그래! 우리가 불을 끄자!

남천문의 불은 꺼졌나?

저들이 지금 물을 긷는 중이랍니다.

물을 긷어?

언제까지 긷는지 보자고. 푸헤헤!

어느 날 은하수에 얼음이 얼었다. 단단하고 두꺼운 얼음이 물길을 가로막아 천궁까지 물이 흘렀고, 하느님은 공공에게 빨리 물길을 트라고 명령했다.

혁혁… 전 더는 못 합니다.

얼음이 너무 두꺼워서 깨지지가 않아.

불로 녹이는 건 어떨까요?

좋은 방법이긴 한데……

히유~ 염치 불고하고 축융에게 불을 빌려? 말어?

33

곤륜산

불을 빌린다고? 그럼 공공에게 직접 오라고 해.

얘도 시작이군.

뭣이라!! 나 보고 직접 오라고?

왜 나한테 그래. 난 말만 전했는데…

얼음을 깨다 죽어도 절대 안 간다!

맙소사!

물이 천궁 기둥까지 찼어. 이러다간 큰일 나겠어.

광명궁

대장부란 상황에 맞게 대처하는 법. 축융, 내가 왔다!

불을 빌리러 온 거냐?

그래, 불 좀 빌려 주겠나……

빌리고 싶다고 빌릴 수 있는 게 아닌데.

네가 감히 날 놀려?

뭐래, 내가 언제?

못 참아! 광명성을 아예 수정궁으로 만들어 버릴테닷!

콸콸~

불 호리병! 물을 빨아 들여라!

엥? 다 말라 버렸잖아.

애걔, 겨우 이거야? 실력을 보여 주라고.

절대 가만두지 않을 테다!

하하하! 잘 가게나!

부주산

이 산이 광명성과 아주 가깝단 말이야.

축융, 날 냉대한 만큼 무정하다 탓하지 마라!

쿵

쩍!

쩌적~

쩍

됐어. 어서어서 광명성을 덮쳐라!

아차! 부주산은 하늘을 받치는 기둥인데······

끝장이야. 하늘이 무너졌어.

공공, 이렇게 큰 사고를 쳤으니 하느님께 가자고.

헉

공공,
네 죄를
알겠느냐?

앗!
날 잡으러
왔나 봐!

변신!

흥,
쥐로 변해
도망가겠다고?

그럼 나도
변신이다!

허걱,
고양이로
변신하다니.

거기 서라!

공공이 부주산을 들이받아 쓰러
뜨리자 하늘이 무너지고 땅이 꺼
졌다. 산림에는 큰불이 나고 땅
속에서는 큰물이 솟구쳐 인류는
커다란 재난에 직면하게 되었다.

여와가 돌을 녹여 하늘을 메우다

여와보천女媧補天
여와가 찢어진 하늘을 깁다. 공공이 부주산을 들이받아 인류가 화재와 홍수로 고통 받자 여와가 인류를 가엽게 여겨 돌을 녹여 하늘을 수리했다는 전설이 내려옴.

여와, 오늘 따라 표정이 너무 우울해 보여.

태양신조, 안녕!

흑, 갑자기 너무 외로운 생각이 들어서.

동물 친구들이 이렇게 많은데, 왜 그런 생각을 해?

알아. 그런데 늘 뭔가 허전한 느낌이 들곤 해.

넌 영리하고 손재주도 좋잖아. 진흙으로 네가 원하는 걸 만들면 어떨까?

그런 방법이 있었구나!

39

그럼 내 모습을 본떠서…

야~ 예쁘다!

여와, 대단해!

움직여라!

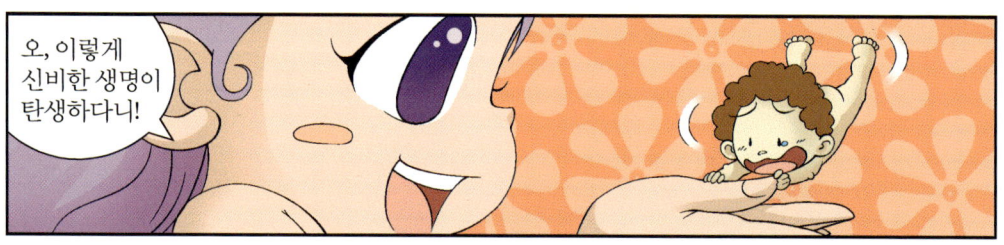

오, 이렇게 신비한 생명이 탄생하다니!

하나씩 빚기 힘드니까 한꺼번에 만들어 버리자.

와! 나무에 붙은 진흙이 땅에 떨어지면서 생명이 탄생했어!

41

우르르

쾅!

여와,
큰일 났어!
하늘이
무너졌어!

뭐?

내 아이들은
어떻게 됐어?

끔찍하게도
모두 홍수에
잠겼어.

내가
반드시 하늘을
메우고 말겠어!

여와, 벌써 돌을 666개나 모았어.

아직 333개가 남았으니 좀 더 힘을 내자!

너무 무리하지 말고 쉬엄쉬엄 해!

낑낑

내 아이들이 홍수에 고생하는데, 엄마가 쉬는 건 말이 안 되지.

44

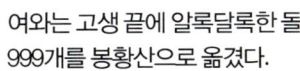

여와는 고생 끝에 알록달록한 돌 999개를 봉황산으로 옮겼다.

여와, 사람들이 갈대를 모아 왔어.

그럼 이 갈대에 불을 붙여서 돌을 녹이자!

49일 후

펑!

하늘을 메울 돌이 완성됐어!

같이 가, 여와!

드디어 하늘을 메웠다!

넌 누구니?
그게 무슨
말이지?

기뻐하긴 아직
일러. 언젠간
하늘이 또
무너지고 말 거야.

난 남해의 신이야.
내 다리를 잘라
하늘을 받쳐. 그럼
영원히 무너지지 않아.

왜
자신을 희생
하려는 거지?

만물이 더 이상
이런 재앙을
겪지 않는다면
나 하나의 희생쯤이야
괜찮다고!

46

남해의 신,
사람들이
널 영원히
기억할 거야.

이때 흉악한 흑룡 한 마리가 엄청난 홍수를
일으키며 인간들을 마구 해치고 있었다.

흑룡, 이놈
어서 나와라!

여와,
날 찾았나?

네가 풍파를
일으켜 내
아이들을 다치게
했으니, 달게
죽음을 받아라!

너 따위가 감히 날
이길 수 있을 것
같으냐?

푹ㅡ

컥!

48

엄마, 동굴 입구에 맹수가 있어요!

입구에 갈대를 쌓고 불을 놓으렴. 매캐한 연기 때문에 도망갈 거야.

예~~ 엄마.

엄마, 맹수가 도망가요. 쫓아갈까요?

아니, 그냥 두렴.

왜 맹수를 쫓지 않지?

맞아요. 잡으면 고기도 얻을 수 있는데.

맹수도 대자연의 아이들이야. 인류는 그들과 조화롭게 살아야 한단다.

여와의 노력으로 대지는 활력을 되찾고 인간은 아무 걱정 없이 태평스럽게 살아가게 되었다.

이게 모두 엄마 덕분이야!

얘들아, 안녕! 행복하게 잘 살도록 해!

안녕, 안녕!

저길 봐, 엄마가 하늘에 있어!

후예가 해를 쏘다

동쪽 바다 저편 탕곡에는 '부상'이라는 큰 나무가 있었다. 해 10개 중 6개는 탕곡에서 물놀이를 하고, 나머지 4개는 나무에 앉아 쉬고 있었다.

내일 일하려면 그만 놀고 좀 쉬어야겠어.

형님들, 내일은 모두 같이 일하러 나가요.

그거 좋겠다! 같이 일하면 심심하지 않을 거야.

쓸데없는 소리 하지 마. 해는 하루에 하나씩 뜨는 게 정해진 규칙이니까.

쳇! 큰형은 너무 고지식해.

큰형, 저희들 왔어요!

우르르~

엥? 다들 왜 왔어? 이러면 안 되는데 ……

아함~ 따분해 죽겠다!

형님, 재밌죠?

응, 순식간에 하루가 가는구나. 매일 이렇게 나오자!

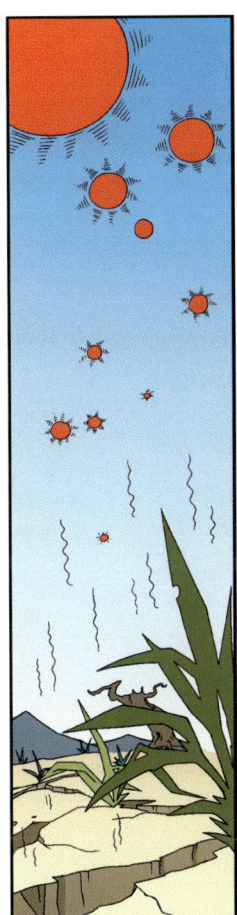

후예의 집

항아, 활과 화살은 어디에 뒀어? 아무래도……

안 돼요!

항아가 너무 단호해.

후예, 듣자니 당신이 해를 쏠 수 있다던데. 사실이오?

허풍은 아니겠지?

휴― 활과 화살이 없으니 어쩔 도리가 없어.

하하, 알고 보니 속 빈 강정이었어.

54

사람들을 위해 해를 제거하려는 당신 맘 알겠어요. 활과 화살은 위층에 있어요.

아! 허락하는 거요?

부인, 대의를 이해해 줘서 고맙소.

해는 하느님의 아들이에요. 해를 쏘면 분명 벌을 받을 거예요.

그럼 부인은 날 생각해서 그렇게……

55

후예!
후예!

애들아, 누가
우리를 쏘려 한다.
얼른 구름 뒤로
숨어!

뽕~!

갑자기 해들이
사라졌어.
어떡해!

대체 어떤 놈이 겁도 없이 우릴 쏘려는지 볼까?

저기, 해가 얼굴을 드러냈다!

슝~

휘잉~

악!

풍덩!

와— 하나 떨어졌다!

역시 명사수야.

대단해!

아우야!

너를 태워 죽여 동생의 복수를 할 테다!

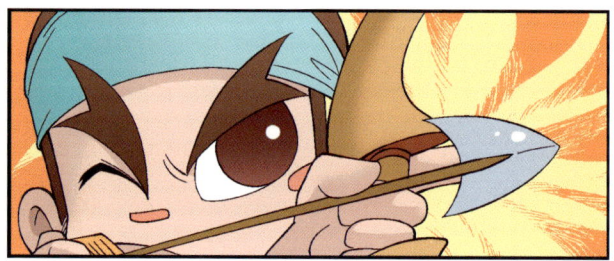

악—
동생아, 형도 너를 따라간다…

서왕모의 궁, 요지

네가 얼마나 엄청난 일을 벌인지 알아?

가서 이 알약을 먹어라.

휙~

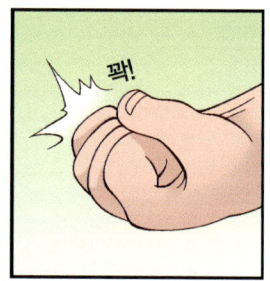

꾹!

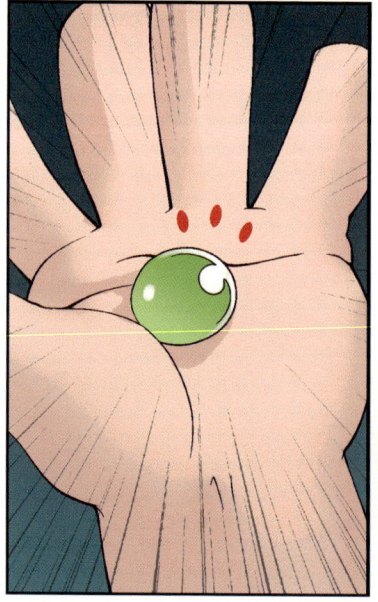

서왕모가 뭐래요?

알약 하나를 주던데.

60

술 한잔
하고 올게.

앗! 혹시
……

후예를
위해서라면
내가……

설마
독약?

61

무슨
조화지?

후예!

항아!

저런, 항아가
후예를 대신해
달에 있는 광한궁으로
쫓겨났구나.

신농씨가 온갖 약초를 맛보다

인류가 아직 농사를 짓기 전에는 밖에서 먹을 것을 찾았다. 그러다보니 독이 든 식물을 먹고 죽는 일이 빈번했다. 강족 부락의 족장인 신농씨는 사람들이 배를 채우려다 목숨을 잃는 것을 보고 매우 괴로워하다 마침내 스스로 이 문제를 해결하기로 결심했다.

독풀일지 모르니 조심하시오.

아이가 며칠을 굶어서 뭐라도 하나 먹어야 해요.

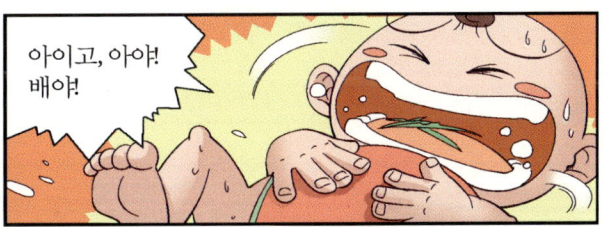

아이고, 아야! 배야!

중독된 게 틀림없어.

족장님, 우리 애 좀 살려 주세요.

끙~ 나도 방법이 없어서……

반드시 먹을 것을 찾아오고야 말겠어!

아빠, 기다려요. 저도 같이 가요!

어? 너도 말이냐?

이건 무슨 풀이에요?

어디 보자.

이건 독풀이니 광주리 오른쪽 주머니에 넣어 놔라.

잘못 넣으면 안 돼. 왼쪽이 독이 없는 풀이야.

64

한 달 후

아빠, 이번에
먹을 것을 정말
많이 캤어요.

그래도
아직
모자라.

쿠우~

온몸이 붉은 새야.
부리에는 화려한
색깔의 곡식 이삭을
물고 있어.

65

땅에 떨어진 곡식 이삭에서 빛이 나는구나.

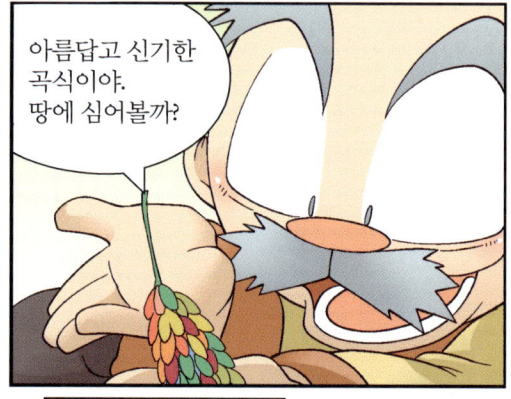

아름답고 신기한 곡식이야. 땅에 심어볼까?

얼마 후 곡식 이삭이 자라 벼, 기장, 옥수수, 보리, 콩 등 수많은 작물로 가득했다.

이제 먹을 양식이 많이 생겼구나.

와, 더 이상 굶을 일이 없어졌어요!

모두들 오곡을 심으라는 족장님의 명이시다!

족장님, 올해도 풍년이에요.

이 곡식들을 황제 부락에도 보내야겠다. 같이 먹고 살아야지!

하지만 여전히 사람들이 병에 걸려 치료를 받지 못하고 죽는 일이 빈번했다.

마을 사람들이 이상한 병에 자꾸 걸려서 큰일이야.

어? 다리를 다친 토끼가 뭘 먹는 거지?

이 풀은 못 보던 건데. 토끼가 치료를 하려고 먹은 건가?

알았다! 마을 사람의 병을 치료할 수 있는 약은 바로 풀이야!

유레카~

이에 신농씨는 사방을 다니며 온갖 풀을 직접 맛보기 시작했다.

아빠, 70번째 풀이에요.

냠냠

우웩!

아빠, 왜 그러세요?

독성이… 강한 풀이다.

조금만 기다리세요. 마을 사람들을 곧 불러 올게요!

날이 맑아졌네.

어제 내가 중독돼서…… 나뭇잎을 먹었지……

그럼 이 나무가 날 구한 거네!

와구 와구

아빠, 아빠— 어디 있어요?

족장님, 어디 계세요?

애야, 여기란다!

70

다행히 이 나뭇잎을 먹고 나았단다.

아빠, 괜찮아요?

족장님, 이 나무는 최소한 천년은 된 것 같은데요. 이름이 뭔가요?

차나무라고 부르자.

보세요. 차나무 위에 쥐가 있어요!

찻잎을 먹고 있구나!

쥐의 배가 너무 투명해서 12경락*이 똑똑히 보이는구나.

애야, 우리가 캔 약초를 쥐에게 먹여 보아라.

예, 아빠.

* 12경락經絡
경락은 인체 내에서 기와 혈이 흐르는 통로로 크게 12가닥으로 나뉘어져 있다.

71

먼저 왼쪽 것.

맛있쩡!

이번에는 독풀을 먹여 봐.

쥐가 독풀을 먹고 괴로워하는데… 어쩌죠?

걱정 마라. 알아서 독을 해소할 게다.

와, 쥐가 대단하네요.

하하하, 대자연이란 이렇게 신기한 것이란다.

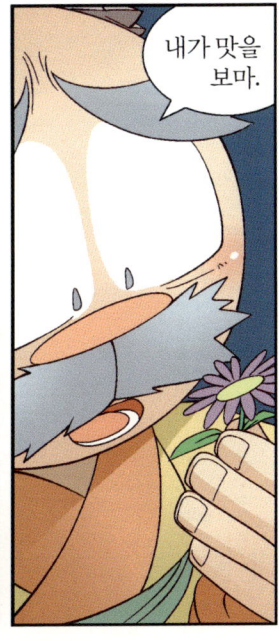

73

신농씨가 채집한 약초들은 후대에 약물학 전문 서적인 『신농본초경』 으로 탄생했다.

황제와 염제의 판천 전투

고대에 황제 부락과 염제 부락은 황하 유역에 거주하며 막강한 실력을 자랑했다.

수령님, 황제가 영토를 또 확장했습니다.

형천, 걱정마라. 우리 영토도 늘어나고 있잖아.

이렇게 가다간 황제가 조만간 우리 부락도 삼키러 올 겁니다.

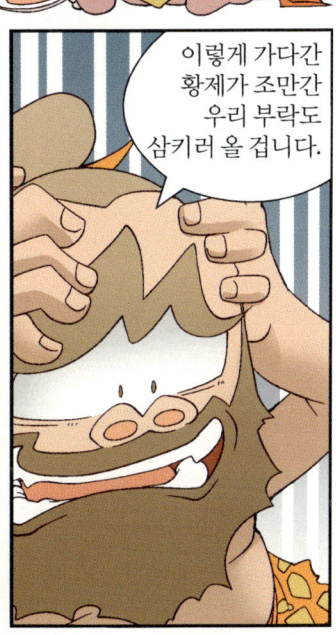

그럼 어떡하지?

먼저 손을 쓰는 겁니다.

오호!

황제 부락

수령님, 큰일 났어요!

응룡, 무슨 일이냐?

염제 부락이 불을 들고 기습했습니다!

이제 격전을 피하기 어려워졌구나!

분부만 내려 주십시오!

나와 염제는 형제다. 너는 이 편지를 염제에게 주고 오너라.

효과가 있을까?

76

염제 부락

형천님, 황제 부락에서 보내 온 투항 권유 편지입니다.

뭐, 투항? 웃기는 소리 하고 있네!

황제와 염제는 부락민을 대거 이끌고 들판에서 대치했다.

응룡, 염제는 내 아우다. 절대 그를 다치게 해서는 안 된다.

명심 하겠습니다!

공격을 당해내기 어렵겠습니다. 얼른 저를 따라 오십시오!

아우, 오랜만이군.

앗!

이번에는 특별히 목숨을 살려주마.

......

......

하지만 이후에도 염제가 계속 말썽을 일으키자 황제가 염제 부락을 공격했다.

형천, 이번에 황제가 각 부락 연합군을 끌고 와서 실력이 막강하다고.

흥, 죽기밖에 더하겠습니까!

돌격하라!

염제 군대의 대오가 어수선해지기 시작했다.

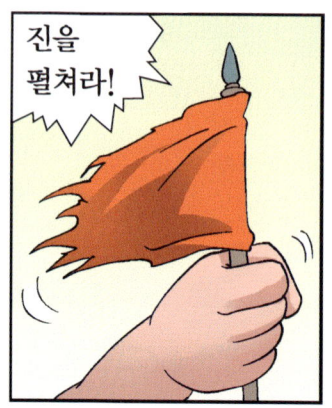

진을
펼쳐라!

샤 샤 샥

이건 무슨 진법
이지? 형천은
왜 안 보이는 거야?

아우!

우리 또
만났네.

앗,
형님!

얼마 후 형천은 적진에서 고군분투하다가 목숨을 잃고 말았다.

수령님, 형천 장군이 전사 했습니다.

뭐라고!

형천 장군은 목이 달아났지만 끝까지 적과 싸웠습니다.

형천…… 흑흑

황제 부락

응룡, 진법 훈련을 강화하게. 염제를 세 번째로 사로잡을 생각이네.

넵!

황제를 이길 방법이 없을까?

이건 무슨 진법이지?

수령님, 제가 황제 부락에서 훈련하는 진법을 탐색하고 왔습니다.

얼른 그려 보아라!

아우, 이건 용비진일세. 하하!

형님!

너무하십니다. 또 요술을 부리다니!

무슨 소리. 이번에는 자네 군영까지 땅굴을 파고 온 거야!

두 손 두 발 다 들었습니다.

어서 아우를 풀어 주어라!

못난 이 아우를 용서해 주시다뇨!

우린 형제 아닌가!

86

황제와 치우의 탁록 대전

황하, 황제 부락

염제가 급히 뵙길 청합니다.

어서 안으로 불러라.

치우란 놈이 겁도 없구나!

수령님, 본때를 보여 줄까요?

형님, 치우가 우리 땅을 빼앗았어요.

치우가 그렇게 대단한가?

형제 81명 모두 능력이 굉장하다고요.

게다가 구리 광산까지 발견해서 날카로운 무기를 만들고 있어요.

치우가 인의를 저버리고 다른 부락을 침범하니, 내가 하늘을 대신해 도를 행하겠다!

형님, 멋쟁이~

치우 부락

황제 부락이 밤을 틈타 공격해 들어옵니다.

제 발로 찾아오다니, 그거 잘됐군.

치우, 다른 부락을 못 살게 군 네 죄를 알렷다!

말은 필요 없고 내 도끼나 받아라! 크하하……

응룡, 먼저 나가서 치우 진영을 물바다로 만들어라!

88

변신!

훅~

쏴!

그깟 실력으로 날 상대하겠다고? 가소롭군.

풍백과 우사를 출전시켜라!

우사, 내가 바람을 일으킬 테니 자네가 웅룡의 물을 빨아들이게.

문제없어. 식은 죽 먹기지.

이럴 수가! 물을 다 빨아들였어!

쏴!

반격 개시!

짝!

큰일 났다!

휙휙~

쏴쏴!

힘도
못 써 보고
당하다니.

두려워
하지 말고
돌격하라!

헤헤, 이제
슬슬 몸을
풀어 볼까?

후후~

후후~

앞이 하나도
안 보여……

안개 때문에 방향을 분간할 수가 없어요!

때가 어느 땐데 한가하게 별이나 감상하고 계세요?

봐라. 북두칠성의 자루는 언제나 한 방향을 가리키고 있지?

알았다! 좋은 방법이 떠올랐어요.

옳지, 이게 바로 내가 필요로 했던 거야.

황제 부락이 군대를 물려 돌아갔습니다.

어? 안개 속에서 어떻게 달아났지?

수레 위의 사람 손이 항상 남방을 가리키고 있으니 '지남거'라고 부르자.

황제 부락

형님, 무슨 일로 저흴 찾으셨나요?

방금 북을 쳐서 치우를 사로잡는 꿈을 꿨네.

맞다! 치우의 형제들은 요괴라 북소리를 가장 두려워합니다.

그럼 북으로 그들을 굴복시키자!

그런데 어디서 북의 가죽을 얻지?

그건 이 아우에게 맡겨 주십쇼.

93

'기'라는 괴물의 가죽으로 북의 가죽을 만들면 됩니다.

또 '뇌수'라는 괴물의 뼈로는 북채를 만들 수 있습니다.

북 81개만 만들면 치우의 81형제를 물리칠 수 있어요.

하지만 풍백과 우사는 만만한 상대가 아냐.

그들을 대적할 상대가 있습니다. 그런데……

그런데 뭐? 빨리 말해 봐!

여기서 아주 먼 곤륜산에 사는 여신입니다.

하늘 끝에 산다 해도 반드시 모셔 와라!

제가 가겠습니다.

치우 부락

황제가 이렇게 오랫동안 아무 움직임도 없다니. 내 도끼가 썩겠어.

그럼 우리가 먼저 공격하면 어떨까요?

좋은 생각이다. 하하하……

치우의 대군이 몰려옵니다!

좋아, 기다리고 있었다!

탁록

황제와 염제 모두 나왔군. 한 번에 쓸어 버려야지.

풍백과 우사가 먼저 출전하라!

휙휙~

이 불은 뭐지?

불이 우리 바람과 비를 없애고 있어. 안 돼!

호호, 난 너희와 상극인 가뭄의 신이다!

......!

북을 울려라!

그만! 그만! 제발~

가뭄의 여신의 도움으로 탁록 대전에서 황제는 마침내 치우를 사로잡았다.

내 임무는 끝났으니 이만 떠나겠습니다.

이렇게 끝장날 줄은 전혀 몰랐지?

흥!

도와주셔서 고맙습니다!

땡큐~

저는 돌아가서 부락을 재건하렵니다. 그동안 고마웠어요!

당연한 일인걸. 우린 원래 한 집안이잖아.

98

요가 순에게 선양하다

■ 선양禪讓
■ 임금 자리를 세습이 아니라 덕 있는 사람에게 물려주는 것.

세상을 덕으로 다스리던 요임금은 나이가 들자 부락 수령들을 소집해 후계자 추천을 받았다.

여러분, 이제 나는 늙었으니 새로운 수령을 뽑아야만 하오.

내가 한번……

벌써 그럴게나.

누가 있을까?

수령님.

방제, 추천할 만한 이가 있는가?

수령님의 아들 단주가 총명하니 대임을 맡을 만합니다.

단주는 남을 이기려고만 들어서 절대 안 되네!

99

제가 한 명 추천하겠습니다.

그래, 말해 보게.

수리水利를 관장하는 공공이 아주 유능합니다.

그는 말주변은 뛰어나지만 겉으로만 공손할 뿐 속으론 딴맘을 품고 있네.

상강에 사는 순이란 사람은 어떨까요?

맞습니다. 순이 있었군요.

나도 그 이름을 들어 본 적 있네. 한번 만나봄세.

요임금은 즉각 사람을 시켜 순을 불러왔다.

순, 자네 아버지는 동생을 더 편애하고 계모는 늘 자네를 학대 한다던데 사실인가?

제겐 맹인 아버지와 고생하는 어머니가 계실 뿐입니다.

제겐 어린 동생이 있을 뿐입니다.

동생도 자넬 그렇게 괴롭힌 다는 말이 들리던데.

마음씨가 참 착한 젊은이구먼.

내 두 딸의 얼굴은 볼품없지만 성품만은 매우 어지다네. 자넨 외모와 성품 중 어떤 게 중요한가?

그럼 내 두 딸을 자네에게 시집보내도 되겠는가?

당연하죠. 저야 영광입니다.

성품이 외모보다 중요합니다.

타

다

닥―

파박

짝짝짝

아니, 이렇게 예쁜 미인들이……

순의 고향집

아버지! 형은 수많은 가축을 얻고 미인 둘에게 장가가고 장사 9명을 거느리고 다녀요. 그런데 전 이게 뭐예요?

형에게 말해 보거라.

당장 찾아가 보겠어요!

103

껄껄, 못 만났지? 난 벌써 알고 있었다.

기왕 이렇게 된 거, 형을 아예 없애 버리고 말겠어요!

나보다 더 독한 놈일세.

아무렴, 독한 마음이 없으면 사내가 아니지.

형, 아버지가 창고 지붕 수리 좀 도와 달래!

서방님, 조심 하세요. 느낌이 안 좋아요.

상은 내 아우니 걱정 마시오.

서방님, 이 삿갓 두 개를 가져가세요. 위험할 때 필요할 거예요.

걱정도 팔자구려. 집안일을 하러 가는 것뿐인데.

아버지가 불을 놓으면 제가 사다리를 치울게요.

오냐.

앗, 불이야!
사…사다리는
어디 갔지?

으악!

파 닥

파 닥

그럼
이 삿갓으로……

으잉?!
형이 하늘로 휠휠
날아가는데요
……

아이고, 분해!!!
다음엔
반드시 혼내
줄 테다!

순, 우물이 막혔다. 빨리 와서 도와 주렴.

네, 아버지. 금방 갈게요.

언니, 이번엔 또 무슨 꿍꿍일까?

나한테 다 방법이 있어.

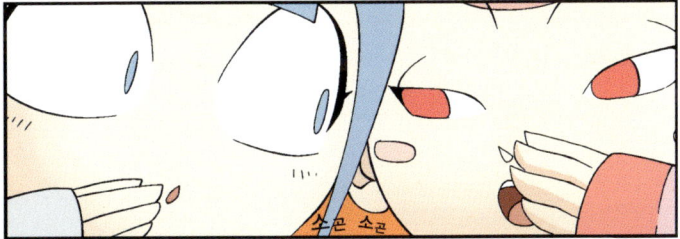

소곤 소곤

형이 우물 아래로 내려갔으니 얼른 막아요.

앗! 우물 입구가 막혔어!

순 나리, 이쪽입니다.

여길 어떻게 알고 왔지?

상이 우물을 막을 줄 알고 부인께서 땅굴을 파 구하라고 하셨어요.

……

대궐 같은 집, 가축, 미녀, 장사… 이제 모두 내 거야. 하하하!

아황, 여영은 어디 간 거야? 가서 차를 내오지 않고.

대낮에 무슨 귀신? 왜 그렇게 안절부절못해?

형수들은 왜 찾는데?

귀… 귀신이다!

그거야, 형이 너무 좋아서 그렇지.

순은 자신을 죽이려 한 아버지와 동생에게 보복하지 않고 여전히 잘 대해 주었다.

요는 이런 순에 대한 믿음이 커져 천하를 다스리는 대권을 그에게 맡겼다.

순이 역산에서 농사를 짓자, 역산 사람들이 서로 밭을 양보했습니다.

황하 변에서 질그릇을 굽자, 이곳 질그릇이 매우 정교해졌습니다.

순이 사는 곳은 1년 안에 사람들의 거주지로 변하고, 2년 안에 작은 마을, 3년 안에 도시로 바뀌었습니다.

정말로 덕과 재주를 겸비했구나. 마침내 내 후계자를 찾았다!

치수에 성공한 우임금

황하가 범람하여 곤에게 치수를 맡겼는데, 9년이 지나도록 아무 결실이 없구나.

싸아

싸아

고요, 곤이 치수에 실패 했으니 어떡할꼬?

법률에 따라 참수해야만 합니다.

그럼, 법대로 하게.

따악

서방님! 크…
큰일났어요.
황하가 또 범람
했어요. 아버님도
잡혀가셨고요.

이를 어쩐담.
아버지가 정말
고생하셨는데
……

매일 치수에
바빠서 우리
혼인식에도
못 오셨잖아.

우,
네 아버지가
곧 참수된대!

뭐!

112

아버지……

황하를 다스리지
못한 건 내
치욕이다.

네가 애비를
대신해 반드시
이 치욕을
씻어라!

곤이 죽은 후 순은
치수를 맡길 마땅
한 사람이 없어서
고민에 빠졌다.

치수에
누굴 보낸담?

113

죄인의 자식
우가 수령님을
뵙습니다.

무슨
일이지?

기회를 주신다면
제가 아버지를 대신해
황하를 다스리겠습
니다!

구체적인
방안은 가지고
있겠지?

그럼 고요를
보내 너를
돕도록 하겠다!

아버지는
다른 방법이 필요
하다고 하셨는데,
대체 뭘까?

우는 황하를 다스리는 13년 동안 세 번 자신의 집 앞을 지났지만 한 번도 집에 들르지 않았다.

우, 자네 집이네. 그래도 아내는 보고 가야지.

그럴 시간 없어요.

이런 결심이라면 황하는 분명 다스려질 거야.

싸아

폭포 중간에 큰 돌 보이죠? 물이 큰 돌을 지날 때 흐름이 더욱 거세져요.

그게 어때서?! 무슨 좋은 생각이라도 있는가?

아버지가 제방을 쌓는 방법으로 홍수를 예방한 것은 이 큰 돌처럼 물의 흐름을 더 거세게 할 뿐이었어요.

아, 그렇구나!

115

황하의 주류를 더욱 깊고 넓게 판 다음 지류들의 길을 터서 주류로 흐르게 하면 물을 바다로 흘려보낼 수 있습니다.

제가 고요와 반년 넘게 조사하여 드디어 방법을 찾아냈습니다.

오~ 듣고 보니 괜찮은 방법인걸.

우를 오늘부로 치수 장관에 임명한다!

우는 백성들을 거느리고 물길을 파기 시작했다.

으샤

자네 온몸이 땀으로 젖었어.

전 괜찮아요.

삼촌, 안녕하세요?

아니, 네가 웬일이냐?

숙모가 아기를 낳았어요. 저한테 동생이 생겼다고요!

117

118

열심히 물길을 파던 우 앞에 큰 산이라는 장애물이 나타났다.

산 높이를 정확히 계산해야 하네.

그래야 산을 깎을 때 필요한 인원을 정확히 배치할 텐데……

엄마, 낮에는 왜 그림자 길이가 아침보다 짧아?

자꾸 쓸데없는 소리 하면 우 대인에게 보내 버린다!

119

그림자라고?

애야,
방금 전에 한 말
다시 해 볼래?

그림자 길이가
아침저녁으로
왜 다른지 물었어요.

엉엉

똑똑한
아이구나!

나무 그림자와
나무의 길이가
언제 같아지는지
알아봐 주세요.

왜 그러지?

그 시각에
산의 그림자를
재면 산 높이를
알 수 있다고요!

그렇구나!
내 금방
알아보지.

여보, 아들아! 내가 마침내 치수에 성공했다!

우리 가족이 드디어 한자리에 모였어!

아버지, 이 아들이 13년 만에 황하 치수에 성공했어요.

치수에 성공한 우는 순을 대신하여 부락 연맹의 수령이 되었다.

하상주 上

◦ 우를 이은 계, 선양제를 세습제로 바꾸다

◦ 하나라의 위기, 후예와 한착의 반란

◦ 하나라를 중흥한 소강

◦ 극악무도한 걸왕, 하나라를 기울게 하다

◦ 제비 알을 삼켜 상나라의 시조 설을 낳다

◦ 상나라의 도약, 성탕과 이윤의 만남

◦ 성탕이 하나라를 멸망시키다

◦ 반경, 천도를 결심하다

◦ 무정의 중흥으로 전성기를 구가하다

하상주

上

夏商周

계啟
우임금의 아들로
중국 역사상 최초로
'선양제'를 '세습제'로
바꾼 인물이다.

방풍씨防風氏
상고시대
전설 속 인물
혹은 부락 이름.

한착寒浞
후예를 죽이고
왕위를 탈취
하였다.

후예后羿
유궁씨有窮氏 라고도
부르며, 하나라의
왕위를 빼앗았다.
활을 잘 쏘기로 유
명했다해를 쏜 후예와는
동명이인임.

걸桀
하나라의 마지막 임금.
문무를 겸비한 데다
맨손으로 쇠갈고리를
펼 정도로 힘이 셌지만
포악한 정치를 펼쳤다.

소강少康
하나라의 중흥기를
이끈 임금으로 그가
통치하던 기간에
천하가 안정되어
역사에서는 '소강
중흥'이라 부른다.

간적簡狄

제곡의 둘째 부인으로 제비가 떨어뜨린 알을 먹은 후 설契을 낳았다고 한다.

제곡帝嚳

상고시대의 '삼황오제三皇五帝' 중 세 번째 제왕이자 황제의 증손자이다.

탕왕湯王

상나라를 세운 인물로 재위 30년 중 17년은 제후로, 이후 13년은 임금을 지냈다.

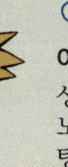

이윤伊尹

상나라 초기의 대신. 노예 출신으로 탕왕을 보좌하며 나라를 잘 다스려 현명한 재상으로 이름이 높다.

반경盤庚

상나라 20대 임금으로 능력이 매우 뛰어났다. 당시의 불안정한 국면을 해소하기 위해 천도를 결심, 은殷 땅으로 수도를 옮긴 후 그곳에서 정치를 바로잡았다.

부호婦好

무정의 부인으로 중국 최초의 여성 군사 지도자이자 걸출한 정치가이다.

무정武丁

상나라 23대 임금으로 재위 기간에 어진 신하인 부열傅說을 재상에 임명해 상나라를 다시 한번 부강하게 만들었다. 역사에서는 이를 '무정중흥'이라 부른다.

시대별지도
–상 商

숙신 肅愼

상 商

은 殷
목야 牧野
박 亳

우를 이은 계,
선양제를
세습제로 바꾸다

우가 치수에 큰 공을 세우자 순임금은 왕위를 우에게 선양했고 그가 나라를 잘 다스려 사람들의 생활은 전보다 훨씬 더 풍족해졌다. 우임금이 말년에 이르러 모산에서 부락 회의를 소집했는데……

천지신명께 좋은 날씨가 이어지도록 크~은 제사를 지낼 것이다.

수령님, 송구스럽게도 저희 부락에 물난리가 나 제물을 준비하지 못했습니다.

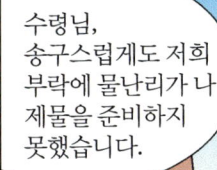

끄응… 백익*, 사실인가?

네, 그러하옵니다.

OK! 이번엔 봐주겠다.

네?…… 가… 감사 하옵니다!

* 백익伯益
동이東夷의 수령. 우임금은 백익에게 후계자 자리를 물려주려 했다.

129

제사 준비는
다 되었겠지?

방풍씨 사람이
아직 오지
않았습니다.

코앞에 있으면서
제사에 늦어?
절대 용서치
않겠다!

방풍씨
부락이
여기서 먼가?

아니,
가깝습니다.

헉헉,
난 등산 체질이
아닌가 봐.

오~
날 기다리느라
제사를 아직
거행하지
않았나 보군.

방풍씨, 왜 이리 늦었느냐?

며칠 전에 큰비가 내려서 길이 끊기는 바람에……

비겁한 변명이다! 더 먼 곳의 사람들도 이미 도착했다!

앗, 수령님!

네놈이 일부러 내 명을 거역한 것 아니냐!

나보고 어쩌라고. 사실인걸…

여봐라! 당장 끌고 가 이놈의 목을 베어라!

아이고! 목숨만 살려 주십쇼!

방풍씨가 늦긴 했지만 죽을죄는 아닌 듯합니다.

맞습니다. 이번 한 번만 용서해 주십시오.

뱉은 말은 주워 담을 수 없는 법. 당장 참수해라!

수령님, 살려 주세요!

131

어서 제사 의식을 거행하라!

이번에 돌아가면 각 부락 모두 동銅을 바치도록 하라!

동? 돈? 돌?

그 많은 동을 어디에 쓰시려는 겁니까?

정鼎을 만들 것이다!

132

수령님 분부대로
구정九鼎을 모두
완성했습니다.

오호~

이 구정은 구주九州
대지를 상징하지.
구정을 가진 자만이
천하의 지도자가
될 수 있다!

안타깝게도
이 천하를 남에게
넘겨줘야 한다니.

휴

수령님의 아들인
계는 누구나 인정
하는 인재입니다.
그에게 왕위를 물려
줘도 뒷말이 없을
것입니다.

하지만…

요는 순에게,
순은 나에게
왕위를 양보했으니
나도 백익에게
왕위를
건네야 하네.

요와 순은 아들이
못나서 어쩔 수 없이
왕위를 남에게 넘긴 것
입니다. 하지만 수령님의
아들은 다르지
않습니까?

일리가 있군!
계를 불러
오너라.

아버지,
찾으셨습니까?

계야,
넌 앞으로
어쩔 계획이냐?

아버지께서
치수로 천하를
안정시켰으니
저도 그 뒤를
잇고자 합니다.

백성을 위한
네 생각이
기특하구나!

혹시……
더 큰 일을
생각해 보지는
않았느냐?

더 큰
일이요?

예컨대,
천하를
다스리는 것
말이다!

음, 천하를…… 내가?

물론 원하죠. 하지만 백익이 오랫동안 아버지를 보필했는데 제가 어찌 감히……

그건 걱정 마라.

너를 치수 관리로 임명할 터이니 열심히 일해서 민심을 얻도록 해라.

넵! 알겠습니다!

얼른 높은 곳으로 갑시다!

으샤!

으샤!

공자님, 홍수가 밀려 옵니다!

그래? 물길을 거의 다 텄으니 철수하자.

보십쇼. 홍수가 파 놓은 물길을 따라 흘러갑니다!

드디어 우리가 해냈어!

쏴!

쏴아~

이곳은 10년 중 8년은 물에 잠겼는데 공자님 덕분에 홍수 걱정이 완전히 사라졌습니다.

공자님 명령이라면 무엇이든 따르겠습니다.

나의 노력이 민심을 움직였구나!

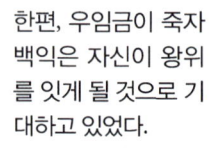

한편, 우임금이 죽자 백익은 자신이 왕위를 잇게 될 것으로 기대하고 있었다.

대렴아, 수령들이 왜 코빼기도 안 보이는 게냐?

아버지, 다들 계를 보러 갔습니다.

뭐라고? 그게 정녕 사실이냐?

사태 파악이 이렇게 늦다니 ......

요 몇 년간 계가 사방에서 민심을 크게 얻어 아버지는 완전히 잊혀졌습니다.

뭬야?! 왕위를 현자가 아닌 가족에게 물려주다니. 이는 부패의 시작이다!

이참에 군사를 일으켜 계와 싸우죠!

그것 외엔 달리 방도가 없구나.

138

사악하기 그지없는
백익 놈아, 사사로운
욕심 때문에
백성을 전쟁으로
몰아넣느냐!

요순 이래
내려온 선양을
거역한 너야말로
용서치 않겠다!

저놈을
당장 죽여라!

반역자를
처단하라!

139

와아~

아버지, 전세가 불리하니 빨리 퇴각해야 합니다!

아… 천명은 비록 나에게 있지만 인심은 계에게 있구나.

계의 승리는 선양제가 폐지되고 부자 상속의 세습제가 시작됐음을 의미했다. 계는 중국 최초의 노예제 국가인 하나라를 건립했다.

천명은 인심만 못하다!

아부지!

푹!

하나라의 위기, 후예와 한착의 반란

계가 재위 9년 만에 죽고 그의 아들 태강太康이 왕위를 이었다. 태강은 정사를 돌보지 않고 날마다 사냥에 빠져 대신들의 불만이 가득했다. 그중 유궁씨 후예의 불만이 가장 컸는데……
꽥
슈욱
폐하 만세!
폐하는 이 나라 최고의 신궁 이십니다!

웃기지 마라!
최고의 신궁은
바로 나다!

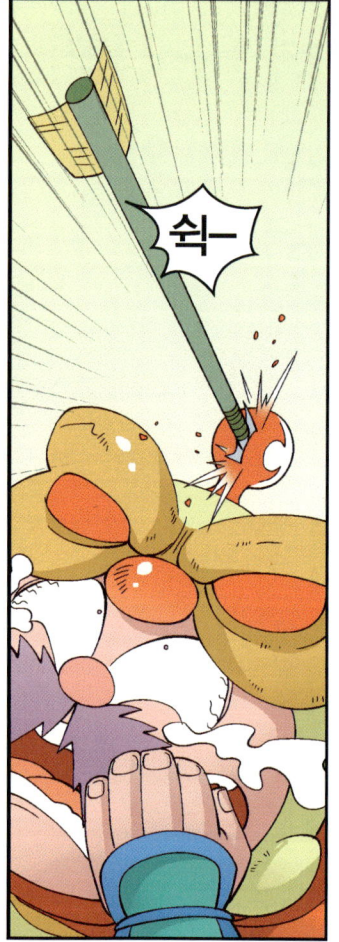

쉭—

어디
맛 좀 봐라!

후예,
반란을 일으킬
작정이냐?

태강, 백성들은
무능한 임금인
너를 쫓아내기로
결정한 지 오래다!

142

날 쫓아낸다고?

사냥 좀 했다고 이렇게까지 ......

그래, 이번에는 목숨을 살려 주겠다. 멀리 떠나 다시는 돌아오지 마라!

휴...... 그만 가자.

누가 당신을 따라가겠소?

지당한 말씀! 우린 후예를 따를 것이오.

히히~ 잘 가라, 태강!

143

대왕,
방이국이 반란을
일으켜 지금
……

됐어, 됐어.
나도 알고
있다고.

후예는 태강을 몰아
내고 잇달아 태강의
형제인 중강과 중강
의 아들인 상을 왕위
에 세웠으나 결국 상
을 쫓아내고 스스로
임금 자리에 올랐다.

태강, 중강 같은
무능한 임금에게
충성하는 부락이
이리도 많다니.

걱정 마십쇼.
저에게 군사를
주시면 방이국을 꼭
정벌하겠습니다.

한착, 자네가
비록 영리하긴
하나 싸움 실력은
아직 안 돼.

그러지 마시고
기회를 주십시오.

정 원한다면
이번 한 번만
기회를 주겠다.

감사합니다.

몇 개월 후 한착은 방이국을 토벌하고 개선했다.

비켜, 비키라고!

뭔 일이래? 무슨 거물이라도 온대?

한착이 방이국을 물리쳐서 대왕이 직접 마중 나온다잖아.

저기 온다!

짠—

짜잔!

씨익

145

한착! 어서 오거라.

대왕!

이번에 정말 대단했어.

대왕의 영명하신 결단 덕분입니다. 하늘마저 대왕과 대왕의 군대를 도왔습니다.

충성을 다하겠나이다, 대왕! 아니, 아버지!!

젊고 유능한 데다 겸손하기까지. 너를 내 의붓 아들로 삼겠다.

한착, 활솜씨가 많이 늘었어.

하나라 최고의 신궁이신 아버지와 어찌 비교할 수 있겠습니까?

피융—

146

하하,
그야
당연하지!

대왕, 태강이
사냥에 빠졌다가
나라를 잃은 사실을
잊으셨습니까?

삼가시는 게
좋을 듯합니다.

알았다.
오늘은 그만
돌아가자.

잠깐!! 아버지가 나라
걱정에 고심이 크신데,
잠시 즐기러 나오는
것도 괜찮지 않소?

끄응…

왓핫핫핫~

나는 좀 더 즐길
것이니 더 이상
아무 말 말라.

대왕!

히히히……
슬슬 내 계획대로
되어가는구나.

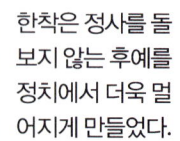

한착은 정사를 돌 보지 않는 후예를 정치에서 더욱 멀 어지게 만들었다.

아버지를 이렇게 즐겁게 해 주다니. 역시 넌 효자야.

제가 절세미인 하나를 찾아냈습니다.

우와! 얼른 데리고 오라고, 얼른.

금방 대령합죠!

순호라고 하옵니다. 호홍~♪

이런 미인이 어디에 숨어 있었노!

그래, 맘껏 즐기라고.

148

또 자리를 비우셨어.

대체 언제까지…

훗!

이후 후예는 순호와 노는 데 빠져 조정에는 아예 나오지 않았다.

한착, 일부러 대왕을 정사에서 멀어지게 한 속셈이 무엇이냐?

네놈 때문에 나라가 어지러워졌어!

으악!

이것들이 ……

한착이 자기에게 반대하는 사람을 쥐도 새도 모르게 없애고 있어.

그에게 거역하지 않는 게 신상에 좋겠어.

이후 아버지가 조정에 나오시지 않으면 내가 국사를 대리하겠다!

며…명에 따르겠습니다.

진작 그럴 것이지!

늙은이, 내 칼을 받아랏!

윽—
네놈이 날…

한착은 후예에게서 왕좌를 찬탈하고 임금이 되었다.

대왕!

흥, 이것이 바로 인과응보지.

후예가 제 도리를 져버려 제거했소. 이후로는 나를 잘 받드시오.

신들은 충성을 맹세합니다!

후예는 죽었지만 상이 아직 버젓이 살아 있어.

옳거니, 상 제거 임무를 아들인 한요에게 맡기자!

상이 죽지 않으면 내 왕위가 위험해진다.

151

나 잡아 봐라 ♪

부왕……

지금 바쁜 게 안 보이냐? 중요한 일 아니면 나중에 와라.

여기 상의 머리를 가져왔습니다.

이런 경사가!

기뻐하거라. 내 왕위를 위협할 인물이 사라졌다!

진심으로 축하드려요.

이건 가져 가셔야지요…

한착은 재위 60년간 후예처럼 정사는 뒷전이고 유흥과 사냥에 빠져 백성의 원성은 점점 높아졌다.

하나라를 중흥한 소강

한착은 자신의 자리를 지키려
고 아들 한요를 보내 상을 집
요하게 추격했다. 한요가 상
을 찾아냈을 때 상의 아내 후
민은 마침 임신 중이었는데…

와~

한요가 곧
들이닥칠 테니
부인은 어서
도망가시오.

싫어요.
저 혼자서는
안 갈래요!

우임금의 자손이자
하나라 정통 후계자인
내가 전투를 앞두고
도망친다면 가문에
먹칠을 하는 것이오.

하지만 우리
아이가 세상에
태어나 아버지가
없다면 너무
불쌍하잖아요.

훗날 틀림없이
내 고충을 이해
할 것이오.

아이를 바르게
키워서 꼭
내 복수를
해 주시오!

얼른 모시고 가라!

부인, 어서 가세요.

대왕!

우임금의 자손은 절대 포로가 되지 않는다!

우씨, 다 덤벼!

다 다 다

부인, 어서 이 구멍으로 나가세요.

배 속의 아이를 생각해서라도 꼭 탈출하셔야 해요.

체통이 있지 어찌……

그래도 이건 좀 ……

뭐? 이 구멍으로?

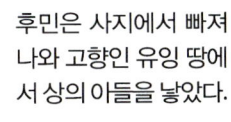

후민은 사지에서 빠져 나와 고향인 유잉 땅에서 상의 아들을 낳았다.

응애

응애

축하드려요. 사내아이예요.

아버지, 오셨어요.

수고했다. 일어나지 마라.

애비를 닮아 꼭 훌륭한 임금이 될 거야. 소강이라고 이름 짓자.

소강, 정말 좋은 이름이에요.

155

몇 년 후

소강,
우리 전쟁놀이
하자.

좋아!

와!

와!

소강!

억!

치라는 양은
안 치고 뭐하는
것이냐?

엄마~

소강 엄마는
마귀 할멈?

양 치는 사소한 일도 못 하면서 어찌 큰일을 하겠느냐?

큰일이요?

얘야, 네 아버지는 천하의 주인이셨단다.

……

우아아앙~ 잘못했어요, 엄마.

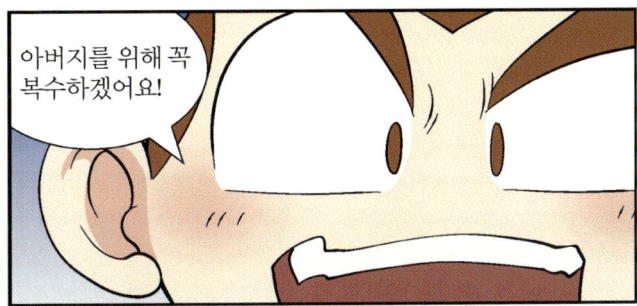

아버지를 위해 꼭 복수하겠어요!

매에~ 매에

소강,
전쟁놀이
안 할래?

됐어.
나 공부해야 돼.

……

애야,
밥은 여기
놓고 갈테니 꼭
챙겨 먹어라.

네, 엄마.

아니, 벌써
시간이 이렇게.
얼른 집에 가자.

그러고 보니 밥도
안 먹었네. 어쩐지
배가 고프더라니.

이런, 밥이 쉬어서 못 먹겠는걸.

콩콩~

날름

오, 쉰 밥에서 이렇게 단맛이 나다니!

대~박!

엄마, 밥이 발효되면 정말 달고 맛있다는 사실 아세요?

응?

뭐? 발효? 달아?

왜 제때 밥을
안 먹었어?

다음에는 다른
곡물을 발효해
봐야지.

소강은 끊임없는 실험을 거쳐 자연 발
효의 원리를 깨달았다. 이후 완벽한
술 양조 기술을 터득하여 중국 양조업
의 시조로 추앙받았다. 이에 소강은
후대에 두강*으로 불리기도 했다.

어디 보자.
이번엔 어떤
곡물을 해볼까.

한편 한착은 하나
라를 지지하는 세
력이 여전히 남아
있자 한요를 보내
토벌하도록 했다.

소강아,
얼른 도망가거라.
한요가 쳐들어오고
있어!

네엣??

* 두강杜康
　중국에서 처음으로 술을 빚었다고 하는 사람. 지금은 술을 달리 이르는 말로 쓰임.

160

한요는 아버지를 죽인 원수예요. 전 그자와 맞서 싸우겠어요!

안 돼! 적이 너무 많아!

우리를 위해 복수하려면 넌 살아남아야 돼. 얼른 가거라!

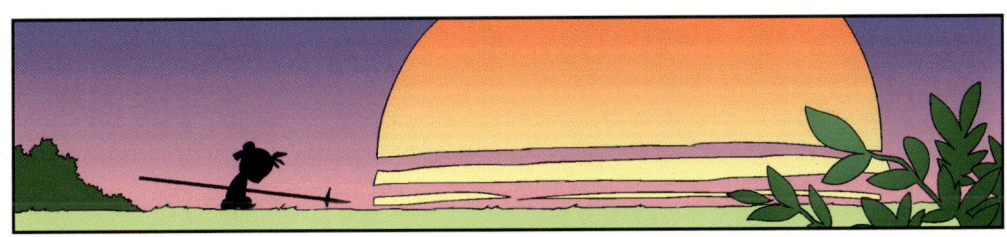

유우씨 부락이야.

끝까지 우리 하나라에 충성하고 한착에 반대한 마을인데.

하지만 아직 우리 힘만으로는 한착을 이기기 어려워.

수령님, 저를 꼭 도와주세요.

과연 상의 아들답구나.

술을 빚을 줄 안다던데, 일단 요리를 담당 하는 건 어떤가?

그리하겠 습니다.

바쁘다 바빠~

소강,
요리처럼 사소한
일도 성실히 해내고.
자넨 정말 믿을
만한 사람이야.

내 딸을 자네에게
맡기겠네!

감사합니다,
수령님!

이제부터
장인이라고
부르게~

드디어 때가 왔다.
한착과 일전을
벌일 수 있도록
군사를 내어주겠다!

감사합니다,
장인어른!

앗,
당신들은
……

도련님, 저는 부친
상왕의 부하인 백미
입니다. 도련님의
소식을 듣고
달려왔습니다.

어서
일어나세요.

도련님을 돕게
돼서 영광입니다.

많은 사람들이
하나라 부흥에 힘을
보태려고 합니다.

한착이 군대를
이끌고 온다고
하니 경계를
강화하십시오.

걱정 마세요.
준비는 다
끝났어요!

소강은 수년간의 악전고투 끝에 마침내 한
착을 물리치고 하나라 임금 자리를 되찾았
다. 그가 정사에 힘쓰고 농업을 크게 발전
시키자 하나라가 다시 흥성하기 시작했다.
역사에서는 이를 '소강중흥'이라고 부른다.

극악무도한 걸왕,
하나라를
기울게 하다

하나라 마지막 임금 걸왕
이 즉위한 후 향락에만
파묻혀 정사를 멀리하자
많은 부락이 더 이상 조
공을 바치지 않았다.

대왕,
이번 달 조공의
양이 많이 줄었
습니다.

내 그럴 줄
알았다. 펑펑
쓰더라니.

조량,
즐거운 자리에서
꼭 술맛 떨어지는
얘길 해야겠어?

부락들이 진상물을 바치지 않으면 이 술과 고기는 어디서 나겠습니까?

헛소리 집어치워!

관직을 팔거나 세금을 더 거두라고. 아니면 빼앗아 와!

돈을 뺏으라고요?

됐어, 그만하고. 말 많은 관용방 귀에나 들어가지 않도록 해.

진상물을 바치지 않는 부락은 쳐들어간다고 전하라!

날이 갈수록 심해지네.

예!

말이면 다인 줄 아나. 쯧쯧…

166

얼마 후 걸왕은 본보기를 보이려 유시국으로 쳐들어갔다.

관용방, 과인이 적을 어떻게 무찌르는지 똑똑히 봐라!

유시국은 맹수를 자유자재로 다루니 가볍게 보다간 큰 코 다치십니다.

흥! 오늘 유시국을 멸하고 본때를 보여 주고 말겠다.

어흥~

혁, 호랑이닷!

표, 표범도 있어!

앞으로!

나가시면 안 됩니다!

맹수를 향해 활을 쏴라!

아니, 과인에게 맡겨라!

큰일 났어, 대왕이 위험하시다.

뭔 배짱이야! 그야 얼굴은 맹수나 다름없지만…

168

이얍~

펵!

맹수들이
달아난다.

맨손으로 맹수를
때려잡다니,
굉장한
괴력이다!

전원
돌격!

야~

와~

조량의 막사

대왕께서 우리 유시국을 노예로 삼으려 하니 대인이 잘 좀 말씀드려 주십시오.

맨 입으로?

이 금은 저희 수령님이 보낸 선물입니다.

좋다, 한 번 말씀드려 보겠다. 하지만 확답은 못 해.

제발 저희를 살려 주십쇼!

대왕께 미인을 바치면 화가 많이 누그러지실 텐데.

아!

감 잡았으~! 저희 부락에 절세미인이 하나 있습죠.

170

유시국

말희야, 우리 부락의 운명이 전부 네 손에 달렸다.

걱정 마세요.

걸왕 놈이 꼭 대가를 치르게 만들 거예요!

유시국 수령이 미녀를 바치며 사죄를 청했습니다.

미녀라고?

흥, 내가 미인계에 쉽게 넘어갈 줄 알고!

대왕, 말희입니다.

퍽이나!

171

호호,
대왕……

소녀는 유시국
수령의 양녀이옵니다.
제발 노여움을
푸세요.

오냐 오냐,
진상품만
제때 올린다면
이번 일은 없던
걸로 해 주지.

뜨아!

나랑 같이 가면
새로운 세상이
열릴 거야.

과인이 사는
곳이다.
어떠하냐?

궁전이
너~무
낡았어요.

뭐?
낡았다고?

172

듣고 보니 그렇군. 국사에만 신경 쓰느라 나한테는 전혀 투자를 안 했어.

고생이 많으세요.

조량, 어서 더 크고 멋진 궁전을 짓도록 해라!

예!

백성들이 전쟁에서 돌아온 지 얼마 안 돼 휴식을 취해야 합니다.

뭐라고?

말희와 과인더러 이런 허름한 곳에서 살란 말인가?

전에도 이곳에서 잘만 사셨……

닥쳐라!

말희 앞에서 다시는 이러쿵저러쿵 떠들지 마라!

히힛!

'강'으로 부쳐라! 더워~

대인, 해가 너무 뜨거우니 잠시 쉬게 해 주십쇼.

어서 일 안 해! 대왕이 바로 태양의 화신임을 모르느냐?

하하, 그렇지. 과인이 바로 태양이지.

대왕, 나오셨습니까?

저 해는 대체 언제 지는 거야? 차라리 함께 죽고 말 테다.

내 너를 위해 특별히 지은 궁궐이니 이곳에서 함께 살자꾸나.

아잉, 너무 행복해요.

와~ 정말 큰 연못이네!

수영도 할 수 있어요?

하하, 연못 안에 채운 건 물이 아니라 술이다!

어머, 정말 술이네.

어때? 맛 죽이지?

다들 실컷 마셔라!

호호호 ‥‥‥

175

이 궁전을 지은 후 대왕께선 몇 달 동안 조정에 나오지 않았습니다.

이러다간 나라가 망하옵니다.

세상이 분노로 가득하니 어서 정신 차리십시오!

무엄하구나! 네가 살고 싶지 않은 게냐?

감히 과인을 저주하느냐!

저 사람 정말 싫어요. 사사건건 반대만 하니 아예 죽여 버리세요.

당장 끌고 가라!

대~왕!

흐흐……

걸왕이 사치와 음란을 일삼고 충신을 해치자 하나라는 점점 멸망을 향해 치달았다. 이때 서쪽에서 '상'이라는 부락이 부상하면서 힘의 균형에 변화가 발생했다.

제비 알을 삼켜
상나라의 시조
설을 낳다

제곡은 상고시대의 '삼황오제*' 중 세 번째 제왕이다. 황제의 증손자로 즉위 후 유융씨의 간적을 아내로 맞았다.

안녕, 난 제곡이야.

난 제곡의 아내인 간적이야.

삐익―

저기 봐! 제비가 돌아왔어!

제비는 매년 날짜에 딱 맞춰 돌아오는구만.

제비가 돌아오면 꽃이 피는 봄이 찾아오고 사람들은 새로운 희망을 맞는데……

*삼황오제三皇五帝
중국 고대 전설상의 여덟 제왕. 중국에서는 이들로부터 중국 역사가 시작되었다고 여긴다. 삼황은 일반적으로 복희씨 · 신농씨 · 여와씨를 말하며, 오제는 황제 · 전욱 · 제곡 · 요 · 순을 가리킨다.

제곡, 나 잡아 봐라. 하하!

간적, 조심해!

쉬—

엇!

제비잖아……

저 제비 정말 귀엽다. 집에서 기르고 싶어.

제비가 처마에 둥지를 틀었으니 집에서 기르는 것과 같잖아. 새장에 꼭 가둘 필요가 있을까?

하지만 만지진 못하잖아!

그러면……

제비야, 제비야. 한 번만 만지게 해 줄래!

핏!

하하, 바보. 제비가 어떻게 사람 말을 알아들어?

조용히 좀 해라.

자~아, 간적. 잘 봐.

오~ 제비가 날아왔어!

179

꺄악, 너~무 귀엽다!

네가 내 진가를 알긴 아는구나!

대체 어떻게 한 거야?

헤헤, 이제 만족해?

응, 정말 신기해!

비밀!

잉? 뭐야, 치사하게.

앞으로 제비랑 놀고 싶으면 언제든지 말해!

제곡, 같이 가!

유후,
시원하다.

그나저나
그 제비는 어디로
갔을까……

또
돌아올까?

네?
뭐라고요?

음……

온천에 몸을
너무 오래
담갔어요.

어?
아냐……

그날 내 몸에 앉은 제비가 자꾸 생각나……

어서 나와요! 이상한 소리 하지 마시고!

아냐! 진짜라고!

휴우~ 제비가 어떻게 사람 몸에 앉아요?

역시 뜨거운 물에 너무 오래 있었어.

맞아요. 얼른 옷 입고 궁으로 돌아가요.

삐이익!

어머?!
제비다!

얼레?

제비야, 제비야.
내 몸에 앉아라!

제발 제발.
제비야, 쟤들
코를 납작하게
해 주자고!

맙소사!
정말이네!

척!

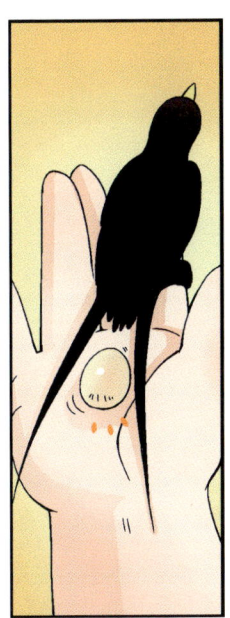

어?
나 보고 새끼를
기르라고?

이건 아직
부화하지 않은
새알일 뿐이에요.

그럼
왜 나한테
새알을 줬지?

어쩌면…
부인에게
드시라고……

정말로?!

새알도
달걀처럼 아주
맛있어요!

저 먹보…
생각하는 거
하고는.

그럼 한번
먹어 볼까?

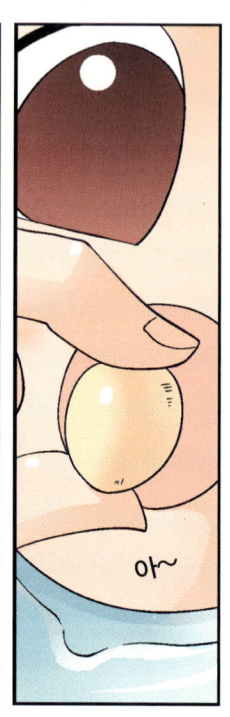

아~

어! 그건
통째로 삼키는 게
아닌데……

윽으-

제비 알을 먹은 간적은 몸에 이상이 생겨 앓아눕게 되고……

간적, 많이 아파?

제비 알을 먹고 나서 어지럽고 속이 메스꺼워요.

아니, 제비 알을 왜 먹어. 나 참!

어서 의사를 불러 와!

예!

음……

대체 간적이 어디가 아픈 거요?

부인께서 아기를 가지셨습니다.

뭐! 내가 아빠가?!

하하! 들었지? 임신이래.

응......

설마 그 새알을 먹고?

열 달 후

하하하, 사내아이야!

'설契' 어때요?

제비 신이 선물하신 아이니......

정말 좋은 이름이야!

간적, 이름을 뭐라고 짓지?

성장한 설은 우의 치수를 도왔고, 그 공로로 순임금은 그를 사도에 임명하고 상 땅을 봉지로 내렸다. 이로부터 상 부락이 형성되고 발전하기 시작했다.

상 땅

내 땅이로세!

설 대인, 상 땅은 너무 척박합니다.

여기 싫어!

상관없다. 우리가 이 땅에 새로운 마을을 세우기로 하자!

우와 함께 치수에 큰 공을 세웠는데 고작 이런 땅에 봉하다니요!

우리의 본분을 다해서 힘을 기르면 되니 남을 원망할 필요 없다! 알겠느냐?

예.

상 땅에 반드시 생기가 넘치고 강력한 부락을 건설하겠다!

훗날 상 부락은 설을 선조로 떠받들었으며 간적이 제비 알을 먹고 설을 낳았기 때문에 상 부락은 제비를 숭배했다. 설이 상 땅에 기반을 닦은 이래 성탕 때에 이르러 상은 전성기를 맞이하게 된다.

상나라의 도약, 성탕과 이윤의 만남

하나라 마지막 임금인 걸왕은 포악하고 잔인하여 사방에 원성이 가득했다.

폭군!

폭군!

그 시기에 상은 성탕의 지도 아래 점점 세력을 키워나갔다.

만세!

만세!

유신국에서는 기재인 이윤이 두각을 나타냈는데……

이윤, 하라는 밥은 안 하고 대왕의 책을 훔쳐봐?

훔쳐보지 않았어요!

이윤

노예 주제에
어디서
말대꾸야!

찰싹~

웃기지 말라고.
난 꼭 성공해서
큰일을 하고
말 거야!

똑바로 들어!
넌 노예 요리사의
양자일 뿐이야!

쓸데없는 희망
갖지 말고
요리사 일이나
잘 하라고. 캬캬!

이윤은 열심히 공부해서 일류 요리사가
되고 치국의 도까지 깨우쳤다. 유신씨
왕은 그를 왕족 전용 요리사에 임명하
고 귀족 자제의 주방 스승으로 삼았다.

네가 만든 요리가 너무 맛있어서 대왕께서 상을 내리신대.

대왕께서 제가 제출한 건의서를 보셨나요?

건의서? 요리랑 같이 보낸 죽간* 말이야?

예, 제가 치국과 관련된 건의를 많이 올렸잖아요!

그건 한 번 보고 치워 놓고 요리만 계속 칭찬하셨어.

휴~ 유신국에서는 요리 외엔 제 재능을 펴기 힘들겠어요.

최고의 요리 솜씨만으로도 우쭐댈 수 있잖아! 안 그래?

네가 나의 큰 뜻을 알리가 있겠니.

상나라 성탕이 간절하게 현자를 찾는다니 가서 만나봐야겠어.

* 죽간竹簡
종이가 발명되기 전에 이용한 글쓰기 재료. 대나무 마디를 잘라 세로로 쪼갠 다음 여러 장을 합쳐서 끈으로 엮어 사용했다.

상 부락 영토

내가 조상의 뜻을 저버리지 않고 마침내 부강한 부락을 만들었어!

이제 포악한 걸왕을 무너뜨려야 하는데 아직은 힘이 부족해……

뭔가 묘책이……

유신국의 이윤이 치국의 도에 통달했다던데 그를 만나봐야겠다!

이윤이 임금을 뵙습니다!

어서 오게.

뜻밖에도 먼저 날 불렀으니 내 재능을 펼칠 기회를 반드시 잡겠어!

재주가 얼마나 뛰어난지 오늘 한번 시험해 보자.

국물이 정말 끝내줍니다. 어떻게 만든 것이오?

저는 인재를 잘 다루는 임금처럼 각종 재료를 다룰 뿐입니다.

음, 그럼 요리와 치국이 같은 것이란 말이오?

요리=치국?!

제가 비록 일개 요리사지만 요리에서 치국의 이치를 깨우쳤습니다.

그 이치를 들어 봅시다.

나라가 요리라면 백성은 원료이고 여러 현자는 양념입니다.

또한 불의 세기에 주의해야 요리가 설익거나 흐물거리지 않습니다. 치국도 이와 같습니다.

술~ 술~

그건 또 무슨 이치요?

불? 설익어?

나라를 잘 다스리려면 임금은 현자를 적재적소에 배치해야 합니다. 그래야 백성이 편안해집니다.

오, 일리 있소!

통제가 너무 느슨하면 백성이 자중지란*에 빠지기 쉽습니다.

이렇게 설명해도 몰라?

반면 지나치게 백성을 부리면 반란을 일으키게 되지요.

그대를 늦게 만난 것이 한스럽구려!

내 재능을 알아본 성탕이야말로 진정한 명군 이로다!

하지만 유신국 왕이 그대를 보내지 않을 것이오.

네?

그래서 내가 유신국 왕의 딸을 아내로 맞을 생각이오.

그러면 그대가 공주를 모시는 노예 신분으로 이곳에 올 수 있소.

야호!

* **자중지란**自中之亂
같은 편끼리 싸워서 난리를 만듦.

195

성탕은 이윤을 얻어 승상에 임명했다. 이윤의 보좌로 성탕의 세력은 날로 확대됐다. 그러나 어리석은 걸왕은 이를 전혀 눈치채지 못했다.

노예를 더 징발하여 새로운 궁궐을 지어라!

또?

대왕, 그러면 인심을 잃게 됩니다.

흥, 내 명을 거역하는 것이냐?

백성을 계속 노역에 동원하다가는 천하마저 잃고 맙니다.

지금 천하를 잃으라고 저주를 했겠다!

당장 저놈의 목을 베어라! 누구라도 내 명을 거역하면 사형에 처하겠다!

헉! 한 번 더 생각해 보시옵…

이번 동이 정벌에 15세 이상 남자는 모두 출정하라!

망했다.

읔!

징수한 세금을 당장 납부하라! 그렇지 않으면 가만두지 않겠다!

또 세금을 내라고?

올해 큰 가뭄이 들어서 수확할 곡식도 없는데 어찌 살란 말이야!

땅을 쩍쩍 갈라놓는 태양 만큼이나 가증스런 걸왕 놈!

걸왕이라는 태양은 언제 사라지는 것입니까? 차라리 그와 함께 죽기를 바라옵니다!

해만 입히는 이런 왕이 무슨 필요가 있어?

걸왕이 폭정을 거듭하자 기회가 왔다고 여긴 성탕은 걸왕을 토벌하기로 마음먹었다.

떡! 떡!

이윤, 지금 걸왕을 정벌하는 것에 대해 어떻게 생각하오?

걸왕이 민심을 잃었다곤 하나 각 부락 군대들은 여전히 그의 말을 들을 겁니다.

그럼 어떻게 해야겠소?

올해 우리가 조공을 보내지 않고 걸왕이 어떻게 나오나 볼까요?

198

뭣이랏!!!
성탕이 조공을
안 보냈어?

두웅—

두둥—

둥~

당장 각
부락에 성탕을
공격하라고
전하라!

성탕, 왜
조공을 바치지
않느냐?

제가 어찌
감히……

지금 바로
진상품을
올리겠습니다.

휴~
아직 걸왕을
정벌할 시기가
아니구나!

각 부락이 아직
걸왕에게 복종하고
있으니 인내심을
가지고 기다려야
겠습니다.

1년 후 일부 부락이 걸왕의 착취
와 약탈을 더 이상 참지 못하고
하나라를 배반했다. 이에 성탕과
이윤은 전쟁 준비를 갖추고 걸왕
을 공격할 기회만을 기다렸다.

성탕이 하나라를 떨망시키다

성탕은 각 부락이 여전히 걸왕의 명을 따르는 것을 보고 당장 진상품을 준비해 사죄하는 상소문을 써서 사신을 하나라에 파견했다.

성탕이 혼쭐이 났나 보군. 이렇게 많은 진상품을 올리다니. 하하!

대왕의 위엄에 놀라 성탕마저도 죄를 청했습니다!

태평성대에 굳이 전쟁을 벌일 필요는 없습니다.

하하하, 맞는 말이야!

성탕이 죄를 인정했으니 각 부락 군대를 거두도록 하라!

감사합니다.

절대 불가합니다!

성탕의 세력이 커지면 대왕의 자리가 위험해집니다.

종고, 무슨 소리요?

이 노망난 늙은이가! 성탕이 내게 복종한다잖아!

대왕……

어린 놈이 감히.

나더러 노망이래……

시끄러우니까 그만 떠들라고!

아, 하나라는 걸왕 손에 망하겠구나!

인자한 성탕에게 귀순하는 게 낫겠어.

나는 하늘의 태양이다. 태양이 사라지는 법이 있더냐.

태양이 사라지면 나도 망할 것이다!

종고 그 늙은이 말은 무시하십쇼. 대왕은 절대 망하지 않습니다!

아무렴, 그렇지. 넌 듣기 좋은 말만 골라 하는구나.

자~ 건배!

걸왕이 매일 환락에 빠져 지내고 충신 관용방까지 죽이자 사람들이 하나씩 그의 곁을 떠났다. 이때 성탕이 주변국을 정복하면서 하나라의 세력은 점차 약화되었다.

1년 후

곤오의 하백이 우리를 공격한다고 하니 어찌하면 좋겠소?

하백이 목숨을 걸고 걸왕에게 충성을 다하니 우리가 먼저 공격하는 게 좋겠습니다.

좋소, 내 직접 군사를 이끌고 곤오로 가겠소!

곤오

하백이 함부로 우리에게 까불다가 저세상으로 갔다!

상황이 우리에게 더 유리해졌습니다.

하지만 올해도 조공을 보내야 하니……

다시 조공을 보내지 않고 걸왕의 반응을 보시죠.

알았소. 걸왕이 충신을 죽여 많은 사람이 그를 떠난 지금 어떤 부락도 더는 그의 명을 듣지 않을 것이다!

204

뭐라고?
성탕이 곤오를
멸하고 조공을
안 보냈다고?

각 부락에
성탕을 공격하
라고 전하라!

하지만 걸왕의
학정을 견디다
못한 각 부락이
그의 명을 거역
했다.

각 부락이
드디어
걸왕의 명을
거역했습니다!

기회가
왔다!

네, 지금이 바로
절호의 기회!
어서 걸왕을 토벌할
채비를 차리십시오!

이날을
얼마나
기다렸던가!

대왕, 큰일 났습니다!

웬 소란이야? 무슨 일 났어?

나 지금 밥 먹는 거 안 보여?

성탕이 군대를 이끌고 쳐들어오고 있습니다.

밥 같은 소리 하고 있네!

헉!

얼른! 당장! 군사를 모아 맞서 싸워라!

206

걸왕의 병력이 우리보다 곱절이나 많으니, 어떡한담……

허나 원한이 가득 쌓인 군사들이라 목숨걸고 싸우진 않을 겁니다.

그렇지!

싸움 전 궐기대회를 열어서 사기를 북돋우세요.

반면 우리 병력은 적지만 결사의 각오로 뭉친 용사들입니다!

그것 참 좋은 방법이오!

걸왕의 악행이 극에 달해 하늘이 내게 그를 토벌하라고 명했다!

하늘을 대신해 걸왕을 없애자!

걸왕을 없애자!

반면 걸왕 진영은 군사들이 싸울 의지를 잃었다.

성탕 진영이 왜 이리 시끄러운 거지?

알게 뭐야~

난 절대 걸왕을 위해 싸우지 않겠어!

피차일반이야. 전투가 벌어지면 도망가자고. 걸왕은 성탕 손에 목이 달아나야 돼!

결전의 시간이다. 돌격!

와~ 喬 아!

성탕의 군대가... 몰려온다!

어... 어쩌지.

우리 병력이 훨씬 많은데 뭐가 두려운 거냐!

출격하라!

209

와~

와~

상의 군대가 너무 강해. 얼른 도망가자!

걸음아, 날 살려라!

앗! 왜 다 달아나는 거냐?

걸왕이 삼종으로 달아났습니다.

놓쳐선 안 된다. 당장 추격하라!

헉헉, 사지에서 겨우 빠져나왔다.

걸왕을 절대 놓치지 마라!

으악, 이렇게 빨리 쫓아 오다니……

빨리 달려라! 빨리!

뭐, 저런 무책임한!!

남소

전에 성탕을 살려준 일이 있으니 날 모질게 대하지는 않을 거야.

걸왕이 저기 있다! 얼른 사로잡아라!

으악!

남소 정산

성탕이 걸왕을 무찌르고 개선하자 이 소식을 들은 제후들이 축하를 하러 달려왔다. 성탕은 제후들의 추대로 왕위에 올라 상나라 건국을 선포했다. 이로써 무도한 하나라는 멸망하고 말았다.

진즉에 성탕을 죽일걸. 결국 이 꼴을 당하고 말다니……

저 지경에 처하고도 자기 잘못을 모르는군.

저런 인간은 죽어도 싸!

반경, 천도를 결심하다

성탕이 상나라를 건국한 후 왕실 내부 투쟁이 격렬해지면서 상나라의 국력은 점차 약화되기에 이르렀다.

상나라 건국 후 벌써 다섯 번이나 천도했어.

취미가 천도야, 뭐야!

궁전을 새로 지을 때마다 우리 노예들만 죽어났다고!

임금의 사치가 극에 달해서 궁전도 다 짓지 못했잖아. 우린 이런 낡은 초가집에서나 살고.

213

새로 즉위한 반경도 천도를 할까?

왕실 내부 투쟁이 아주 격렬하다던데. 이번 왕위도 불안불안해.

왕실 내부 얘기는 함부로 떠들지 말라고!

새로운 왕도 읍읍……

누가 듣는다고! 날이 너무 더워서 감독관들도 자러 갔잖아.

빨리 일이나 합세! 다 못 끝내면 목이 달아날 거야.

아이고… 삭신이야.

언제쯤 노역이 끝날까? 집에 돌아가고 싶다!

상의 20대 군주로 즉위한 반경은 나라의 혼란스런 상황을 바로잡고자 했다. 그러나……

왕실, 귀족의 권력다툼으로 난 허수아비 왕이나 다름없어.

에휴~

대왕, 제후들의 금년 조공 명단입니다.

제길! 조공을 바치는 제후들이 또 줄었어!

휙

지금 조정이 혼란스러워 제후들에게 대왕은 안중에도 없습니다.

제후들이 틈만 나면
왕실의 권력을 노리니
이번에야말로
본때를 보여주고
말 테다!

나 '왕'
이라고!!

제후들을
공격할 생각
입니까?

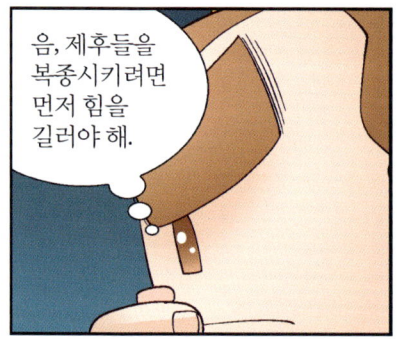

음, 제후들을
복종시키려면
먼저 힘을
길러야 해.

오늘부로
조정 개혁에
나서겠다!

오호,
행동 개시?

상의할
일이 있으니
왕실과 귀족들을
소집해라.

어쩔
생각이
신지요?

왕실 지출
삭감부터
시작이다!

대왕이 무슨 일로 부른 거지?

글쎄……

아리따운 무희와 춤출 계획이었는데. 기분 잡쳤어.

아…아리따운 무희라고?

오늘 우리 집에서 잔치를 열고 같이 춤 구경하는 건 어때?

거 좋지!

맞다! 자네도 춤 좋아하지?

낄 낄~

말해 뭐해.

217

218

궁전을 짓느라 사치가 심해서 여러분과 지출 삭감에 관해 상의하려 하오.

대왕의 노예를 더 부려야지, 왜 도리어 우리에게 손을 대십니까?

맞습니다. 노예들을 더 부리십시오!

뭐라고요?! 지금도 돈이 부족한 지경입니다.

지금 노예들의 노역이 가중되어 이렇게 가다간 반란을 일으킬까 두렵소.

설마 우리가 노예를 두려워 할까봐요?

들었나? 반란이래! 아이고 배야.

시간 낭비 말고 빨리 아름다운 무희들 춤 구경이나 갑시다!

가자고!

저들의 힘이 막강해서 당장 내 포부를 펼치기는 불가능하겠어……

가증스런 귀족 놈들!

방법이 전혀 없는 걸까?

에고, 우리 대왕님. 저리도 고심을 ……

시도할 방법이 있긴 합니다만……

어서 말해 보게.

선조들이 쓰신 방법 입니다.

선조라고?

알겠다. 천도지?

옛 도읍을 떠나 새 체제를 세우면 귀족의 세력을 약화시킬 수 있어!

그렇습니다.

하지만 귀족들이 동의할지는……

어떤 압력이 들어와도 끝까지 밀고 가야 해!

천도라니? 이건 우리와 싸우자는 뜻이 분명해.

벌써 상서를 올려서 천도에 결사반대했네.

대왕이 우리 말을 들을까?

221

자네
말은……

대왕은
노예의 반란을
두려워하잖나?
우리가 노예를
선동해서 천도를
막자고.

오,
좋은
방법이야!

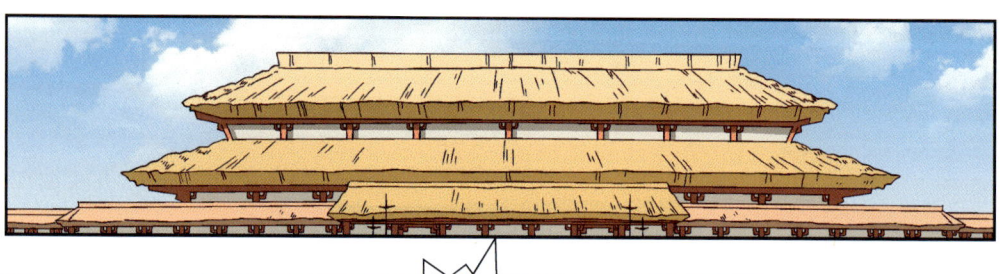

인력과 재물을
낭비하는 천도에
결사반대한다!

또 천도냐!
지겹다!

반대한다!

대왕, 이제 어쩌죠?

골똘~

천도 반대!

내가 천도에 반대하는 사람들을 설득해 보겠다.

예!

진정하고 내 말을 들어 보십쇼.

이번 천도는 백성들이 안정된 삶을 누리고 우리나라가 부강해지기 위한 것입니다.

우리가 이주할 은殷 땅은 토지가 비옥하고 제후들도 강력하게 통제할 수 있습니다.

연설을 할 때는 자신 있게, 주먹을 불끈 쥐고, 그래, 잘 하고 있어!

223

이런 내 고심을 이해해 주지 않고 도리어 천도에 반대하니 마음이 아프오!

앗! 그런거얏?!

대왕께서 백성과 나라를 위해 천도를 결심하셨구나.

우린 귀족의 말만 믿고 천도에 반대한 꼴이었어.

저희는 대왕을 따르겠습니다!

대왕! 대왕!

대왕! 대왕!

반경이 은으로 천도한 후 조정을 정비하자 허약해진 나라가 다시 부강해졌다. 이후 2백여 년간 상나라는 더 이상 수도를 옮기지 않았으며, 때문에 상나라를 '은'나라라고도 부른다.

무정의 중흥으로 전성기를 구가하다

무정은 상나라 23대 임금이다. 그는 반경의 아우인 소을의 아들로 아버지의 명에 따라 어려서 외지로 나가 식견을 넓히고 재능을 단련했다.

부열*, 얼른 땅을 다져야 해.

맡겨만 줘!

무정, 알고 있나? 임금은 망치이고, 신민은 진흙이며, 법률은 양쪽에 댄 판자와 같지.

이 세 가지가 잘 어울려야 나라가 안정된다네.

일개 노예가 가슴속에 큰 뜻을 품고 있다니, 대단한걸!

* 부열傳說
노예에서 재상으로 발탁됨. 무정을 도와 상을 중흥함.

관리가 부패하고 소인이 판치는데 임금이 이들을 징벌하지 않으면 나라가 어떻게 흥하겠어?

안 그런가?

냠냠

쩝쩝

난 재상이 돼서 임금을 보좌하는 꿈을 자주 꿔. 그 기분 정말 죽이는데.

이 친구 어쩌면 ……

그건 꿈일 뿐이야. 누가 나 같은 노예를 쓰겠어?

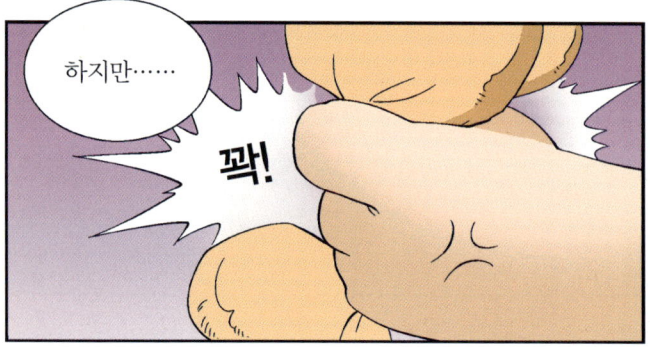

하지만……

꽉!

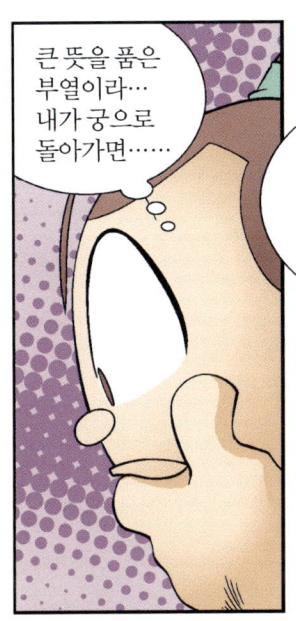

큰 뜻을 품은 부열이라… 내가 궁으로 돌아가면……

부열, 언젠가 내가 임금이 되면 널 꼭 재상으로 삼을게.

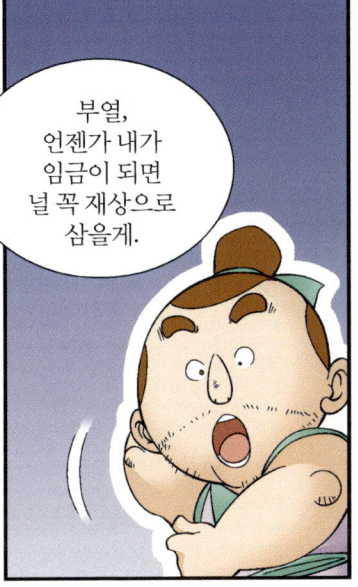

하하, 그래. 네가 정말 임금이 되면 날 잊지 말라고!

몇 년 후 무정이 궁으로 돌아가 왕위를 계승했다. 당시 여러 나라와 이민족들이 상나라 영토를 침범하고 재물을 약탈해 나라가 크게 쇠퇴했다.

빠직!

부호, 점괘가 어떠냐?

227

하느님이 올해는 복종하지 않는 나라들을 물리칠 수 있다고 했어요.

하느님 뜻에 감사드립니다!

하느님의 뜻을 받들어 주변국을 꼭 복종시키겠습니다.

내가 출정한 후 정무는 여러분에게 맡길 것이오.

저희가 매일 나라를 위해 기도를 올리겠습니다.

대왕의 영명함으로 상나라는 천년만년 이어질 것입니다.

쳇, 아부밖에 모르는 인간들…

228

팍!

출정을 주저하시는 게 아첨만 떠는 조정 대신들 때문 아닌가요?

내 마음을 알아주는 건 부인밖에 없구려.

당장 군사를 거느리고 주변국들을 정복하고 싶소.

하지만 조정에 나랏일을 믿고 맡길 인재가 없어서 걱정이오!

이렇게 많은 신하 중에 마땅한 사람이 한 명도 없나요?

실은…

대왕이 그토록 아끼는 사람이 누구예요?

부열이라는 노예요.

특별히 봐둔 사람이 있는데 행방을 전혀 알 수가 없소.

네?

물론 조정에 들어와도 노예라는 신분 때문에 대신과 백성들이 절대 인정하지 않을 거요.

쉭─

명중!

그래서 부인이 날 좀 도와줘야겠소!

당연히 도와야죠!

짹짹

대왕은 좀 어떠십니까?

후…

대체 무슨 병에 걸리셨는지 정신이 혼미하고 말을 못 하네요.

어제까지 멀쩡하셨는데 갑자기 왜?

귀신이 씌인 건가?

이후 무정은 매일 부축을 받고서 조정에 나가 정무를 처리했다.

이런 것도 나쁘지 않군. 매일 인사만 올리면 되니 얼마나 편해.

맞아. 계속 이랬으면 좋겠어.

에고고 ……

흠흠!

쉿!

올해 가뭄이 심해 창고를 열어 이재민을 구제해야 합니다.

그 일은 감반 대인이 맡아서 처리하세요.

어언 2년이 지나서인지 대신들을 모두 파악했소.

부열의 소식만 들리면 바로 행동에 들어가겠는데…

이미 사방에 사람을 보내 알아보고 있어요.

소식이 오면 바로 알려 드릴게요.

부인이 고생이 많소.

232

다시 3년이 지날 때까
지 무정은 병에 걸린 척
하며 조정에 나갔다.

대왕, 부열이
부암에서 담 쌓는
일을 한다 합니다.

오!

부…붓을…
달라……

대왕이
깨어나셨다!

하늘이
도우셨어!

꿈에 악귀에게
잡혀갔는데 하느님이
구해 주시면서
부열이란 사람을
보냈소.

그의 의지를
단련한다고 지금
부암의 노예로
보냈다는군.

233

당장! 내가
그린 이 사람을
데려 오시오.

예, 저…
그… 그게…
그는 노예……

딴말하기
전에 빨리!

감~히
하느님의 뜻을
거역하겠단
말이오?

부열이라는
자가 여기
있느냐?

접니다만.

어라?

그림과
정말 똑같네!

대왕께서
모셔 오라는
분부십니다.

무슨 말씀
인지……

쏴쏴

부열,
약속대로 나를
보좌해 주게.

세상에!
무…정?

하느님의 뜻이라고
신하들을 속였으니
절대 실수가
있어서는 안 되네.

대왕…

대왕을 위해
이 한목숨 바쳐
일하겠습니다!

무정은 부열의 보좌를 받아 복종
하지 않는 주변국을 차례로 정복
하고 가장 넓은 영토를 차지했다.
상나라의 통치가 전성기를 구가한
이때를 '무정중흥'이라고 부른다.

하상주 下

○ 주왕의 폭정, 주지육림과 포락형

○ 사람을 낚은 난세의 지략가 강태공

○ 주나라를 번창시킨 문왕

○ 절개를 지킨 백이와 숙제

○ 무왕이 상나라를 멸하다

○ 주공의 섭정

○ 목왕, 서쪽 정벌을 감행하다

○ 백성의 입을 틀어막은 여왕

○ 거짓 봉화로 제후들을 놀리다

하상주

下

夏商周

인물소개

제신帝辛
후세에 주왕紂王으로 불린
상나라 마지막 임금.
교만하고 자존심이 강하다.
거액을 들여 녹대鹿臺라는
정자를 짓고 주지육림酒池肉林을
조성하여 극도로 사치스런
생활을 즐겼다.

달기妲己
주왕이 총애한
애첩. 사람들은
그녀를 '희대의
요상한 계집'
이라고 부른다.

강태공姜太公
자字는 자아子牙, 이름은 상尙,
후대에는 강태공으로
널리 알려졌다.
중국 역사상 가장
명성이 높은 정치가이자
군사가, 지략가이다.

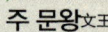

주 문왕文王
상나라 말기
제후들의 지도자.
주왕 때 서백西伯이
되어 선정을 널리
베풀자 천하의
제후들이 모두
그를 따랐다.

백이伯夷
상나라 말기
고죽국 임금의
장남. 아우인
숙제와 왕위를
다투지 않았다.

숙제叔齊
상나라 말기
고죽국 임금의
차남. 형인 백이와
왕위를 다투지
않았다. 후대 사람
들은 백이와 숙제를
절개를 지킨 인물의
본보기로 삼았다.

주공周公

주공단周公므이라고도 부른다. 서주西周 초기의 걸출한 정치가이자 군사가, 사상가이다. 유학儒學의 기초를 다진 인물로 떠받들어졌다. 공자가 일생 동안 가장 존경한 고대 성인이다.

주 목왕穆王

서주 5대 임금. 중국 고대 역사에서 전설적인 색채가 매우 강한 제왕 중 하나이다.

주 여왕厲王

서주 10대 임금. 재위 기간에 터무니없이 무거운 세금을 징수했다. 영이공榮夷公을 경사卿士에 임명해 이익을 독점했다.

소공召公

여왕을 보좌하여 주나라의 국가 정무를 주관한 인물.

주 유왕幽王

서주의 마지막 임금으로 포사를 기쁘게 해주기 위해 거짓 봉화를 올려 제후들을 놀리다 결국 견융犬戎의 병사에게 살해되었다.

포사褒姒

주 유왕이 총애한 첩.

시대별지도 - 주周

북적北狄

견융犬戎

호경鎬京

낙읍洛邑

노魯

주왕의 폭정,
주지육림과 포락형

주지육림酒池肉林
술이 못을 이루고 매단 고기가 숲을 이룬다는 말로 생활이 너무 사치스럽고 호화
로우며 향락이 극에 달한 경우를 가리킨다. 상나라 주왕은 정사를 돌보지 않고
날마다 포사와 함께 술로 만든 연못과 고기 안주로 가득한 숲에서 놀았다고 한다.

반경이 죽은 후 11번째 임금
인 주왕이 즉위했다. 그는 성
격이 흉포하여 사냥을 좋아
하고 정벌전을 일삼았다.

내 눈에 걸린
사냥감은 절대
놓치지 않는다!

켁!

신궁이
따로
없으세요!

하하!
그러냐?

짱!

243

대왕, 긴급 속보입니다!

비중, 무슨 일이냐?

이놈들이 아직 매운맛을 못 봤구나!

동이가 쳐들어 왔습니다.

뭐가 어째?

이후 주왕과 동이는 오랫동안 전쟁을 치렀다. 주왕은 백전백승을 거둬 마침내 동이를 평정했다.

왜 동이의 포로들을 죽이지 않고 모두 데리고 오셨나요?

모르는 소리! 평소엔 일을 시키고 전쟁이 나면 군사로 써먹을 수 있는데 살려 두는 편이 훨~씬 이득이지.

오, 역시 대왕님은 다르셔요!

244

배고파.

졸려…

힘이 없어.

대왕이 동이를 평정한 후 포로들을 모두 데리고 와서 나라가 어수선해졌어.

전쟁 때문에 고통받는 건 결국 우리 백성이라고!

대왕이 또 유소씨를 정벌한다던데.

이놈의 지긋지긋한 전쟁! 누구라도 반란이나 일으켜라!

진정해. 누가 들기라도 하면 어떡하려고 그래?

유소씨도 평정했고, 이제 누굴 공격하나 ......

유소씨가 달기라는 미인을 보냈습니다.

오, 그래?

근데 유소씨가 보내던다 미인은 언제 오는 거야?

탁!

달기라고 하옵니다.

와~!
이런 미인은
내 평생 첨이야.

이후 주왕은 달기의 미색에 푹 빠져 정무는 팽개치고 놀기에 바빴다.

달기야,
원하는 건 뭐든지
말해 보아라.

정말로요?

이 몸이 천하의
주인인데
불가능한 일이
있겠느냐!

술을 술잔에 따라
마시는 게 너~무
귀찮아요.

아예
술 연못을
만드는 건
어때요?

참으로
기발하도다!

우와~
고기를 매단
말뚝들이 꼭
숲 같아요.

맘에
드느냐?

그럼 저 숲에서
숨바꼭질이나
할까?

여럿이
하면 정말
재밌겠어요.

시녀들을
부르마!

달기야~ ♪
어디 있는
거냐?

하하, 잡았다!

250

뭐야, 비중? 네가 웬일이냐?

대왕! 저…전뎁쇼.

대왕을 대신해 제가 정무를 맡았다고 대신들의 불만이 많습니다.

뭐?

어떤 놈이 감히 말을 안 듣는 거야?

훗, 그렇단 말이지.

이게 다 대왕께서 너무 인자하셔서 방자하게 구는 거라고요!

대왕에게 반대하는 자를 불에 달군 쇠기둥에 태워 죽이세요!

포락*을 말하는구나!

그럼 누구도 대왕에게 반항하지 못 할 거예요.

역시 달기는 아이디어가 샘솟아!

맞아요.

시끌

시끌

대왕이 하는 짓을 보면 제후들이 배반하는 것도 당연해.

내가 전에 말했잖아. 조만간 반란이 일어날 거라고.

*포락炮烙
기름 바른 쇠기둥을 숯불 위에 놓고 사람이 그 기둥을 건너가게 하여 미끄러져 타죽게 하는 잔인한 형벌.

252

쉿! 그만하게. 저기 비중이 오고 있어.

저 놈을 콱!

흥! 나라를 말아먹은 간신!

이봐, 방금 뭐라 그랬지?

이 나라와 백성에게 재앙을 가져온 간신이라 그랬다! 왜?!

여봐라, 저놈을 당장 잡아라!

우이씨, 삿대질 하지 마!

당장 포락의 뜨거운 맛을 보여줘라!

저놈이 대놓고 대왕을 헐뜯었습니다.

으악!

상나라는 주왕 너 때문에 멸망하고 말거다!

저놈이 아직도 말할 힘이 남았구나! 후회하게 해주마!

주왕의 잔혹한 행동은 상나라의 멸망을 가속화했다. 이때 서쪽의 한 부락이 점차 강성해졌으니, 바로 훗날 상나라를 멸망시킨 주周이다.

사람을 낚은 난세의 지략가 강태공

주왕이 폭정을 일삼던 상나라 말기에 서쪽의 주 부락은 희창姬昌의 지도 아래 세력이 날로 확장되었다. 이 희창이 바로 역사적으로 유명한 주 문왕文王이다.

수령님, 왜 귀족들의 사냥을 금지했습니까?

주왕이 음주와 사냥에 빠져 있는데, 우리까지 그와 같아서야 되겠느냐?

하지만…

주왕은 도가 지나친 것 아닙니까!

그러니 우리는 더욱더 사냥을 금지해서 농작물을 망치지 말아야지.

수령님 말씀이 백번 옳습니다.

올해 농사도 풍년이구나.

저기 수령님이시다!

날세~

수령님, 안녕하세요?

다들 수고가 많네.

그래, 가축과 양식 모두 부족함이 없는가?

그러믄요.

가축들은 건강하고 양식은 창고에 그득합니다요.

조금만 더 힘을 내게. 주 부족은 머지않아 더욱 강대해질 것이야.

캄~사~

모든 게 수령님 덕분입니다!

256

희창이 선정을 베풀 자 많은 제후들이 주 왕을 배반하고 그에 게 귀순했다.

숭후호, 무엇이 이리 다급한가?

지금 많은 제후들이 대왕을 떠나 희창에게로 향하고 있다고 합니다.

그 말이 사실이렸다?

틀림없습니다.

희창의 영향력이 커질수록 대왕의 입지가 줄어들 것입니다!

이런, 가만둬서는 안 되겠군!

지금 당장 희창을 잡아들여라!

257

옥에 갇힌 신세가
되고 말다니.
주 부흥의 꿈도
이제 사라지는 건가?

수령님,
많이
힘드시죠?

아니, 자네가
어떻게 여길?

주왕에게 미녀와
보물을 바쳤더니
수령님의 석방을
허락하고 서백에
봉했어요!

다다다

우매하고 잔혹한
주왕을 이참에
공격하시죠!

허허,
전쟁은 그리
간단한 일이
아니다.

많은 제후들이 우리에게 귀순했는데 설마 주왕을 못 이기겠습니까?

재능 있는 사람은 많지만 나를 도와 작전을 지휘할 사람이 없어서 그러네.

휴~ 도대체 언제 그런 인재가 나타나는 겁니까?

천하의 기재는 억지로 구한다고 만나지는 것이 아니야.

영원히 못 만나면 어쩌죠?

초 치는 소리 하지 마라!

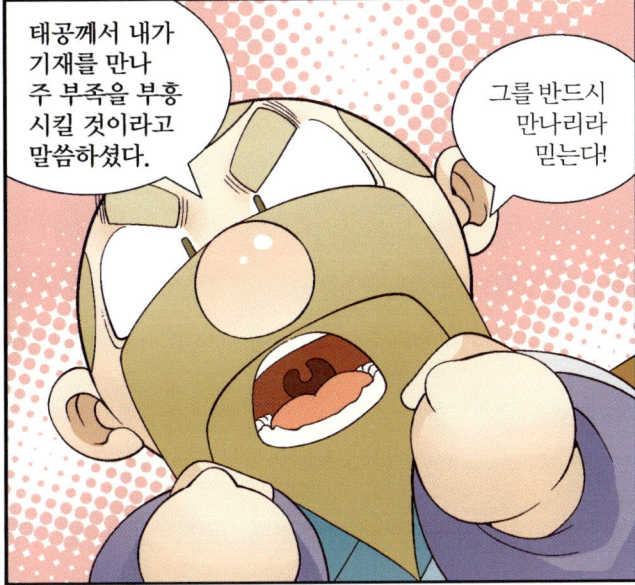

태공께서 내가 기재를 만나 주 부족을 부흥 시킬 것이라고 말씀하셨다.

그를 반드시 만나리라 믿는다!

위수

어휴, 더워.
목욕이나
해야겠다.

저 노인네는
여전하군.

뭐야!
뭘 물어?

누굴
바보로
아나.

물고기야,
얼른얼른
물어라.

사실 난
물고기를 낚는
것이 아니라네.

당최 무슨
말씀이신지??

영감니임~
바늘 없는 낚싯대로는
평~생 물고기
못 잡아요.

그럼 뭘
낚고 있죠?

제왕을 낚는
중이라네!

제왕을 낚는
어부라고?!

내가 말하고도
뭔소리인지
모르겠다
……

빨리
그 사람을
데려오너라!

옙!

위숫가에
바늘 없는 낚싯대로
제왕을 낚는 자가
있대요.

믿거나
말거나.

혹시 그가
태공이 말한
기인이 아닐까?

이렇게
더운 날씨에
낚시하는
늙은이라니……

이봐요!
서백께서 부르시니
나랑 같이 갑시다!

잡히라는 물고기는
안 잡히고 새우만
시끄럽게 떠드는구나!

새우? 누구?
나?!

262

강상은 서백이 병졸을 보내자 불쾌한 마음에 꿈쩍도 하지 않았다.

그가 그리 말했다고?

역시 헛소문?!

예! 아예 절 무시하고 이상한 말만 중얼거렸습니다.

무례한 놈! 감히 서백님을 무시해!

가만있자 ……

그럼 이번엔 자네가 가 보게.

예? 제가요?

에헴~ 당신이 강상입니까?

263

큰 물고기는 안 걸리고 잔챙이만 몰려드는구나~

이봐요! 뭣이 어쩌고 저째!

살다살다 그렇게 기고만장한 자는 처음 봤습니다!

됐네 됐어. 벌써 몇 번째 말하는 건가?

아무래도 내가 직접 가 보는 게 좋겠어.

현자를 만나려면 예를 갖춰야 한다. 사흘간 채식하고 목욕재계한 후 새 옷으로 갈아입자.

헉! 그래 이제 맘대로 해라!

네? 직접 가신다고요?

서백님이 드디어 오셨군요.

참~ 빨리도 왔다 ……

일찍 찾아뵙지 못해 죄송합니다.

나라를 잘 다스릴 비책을 가르쳐 주십시오.

가장 먼저 인재를 등용하십시오. 그래야만 나라가 번창할 수 있습니다.

맞는 말이오.

선생이야 말로 저희 태공께서 그토록 원했던 인재이십니다!

265

그럼 제가 '태공망太公望'이 되나요?

하하하, 말이 되는구려!

희창은 강상을 태사로 삼고 '태공망'이라 불렀다. 이후 강상은 전심전력으로 희창의 부국강병을 도왔고, 희창 사후에도 계속해서 희창의 아들 주 무왕武王을 보좌했다.

선생께서 저를 꼭 도와주십시오.

기꺼이 따르겠습니다.

주나라를 번창시킨 문왕

주 부락

아……

장남인 백읍고(伯邑考)가 그리우신가요?

그 아이만 생각하면 가슴이 아프다오!

내가 감옥에 있을 때 백읍고는 상나라 도읍인 조가(朝歌)에 인질로 잡혔소.

그런데 주왕이 그 아일 죽여 젓갈로 담가 내게 주었지.

267

그것이 백읍고임을 알았지만 주왕의 의심을 피하려 눈물을 머금고 맛을 보았소.

그때는 어쩔 수 없는 상황이었으니 자책하지 마십시오.

내 잔인무도한 주왕을 더는 두고 볼 수가 없소!

그러려면 우리가 힘을 더 길러야 합니다.

주왕, 나빠!! 흑—

그래도 주왕이 서백님의 청을 받아들여 포락형을 폐지하지 않았습니까.

서백님에겐 제후를 정벌할 권력이 있습니다.

이를 기회로 세력을 확대한 다음 주왕을 토벌해도 늦지 않습니다.

나와 같은 생각이구려!

내 꼭 주 부락을 일으키리다!

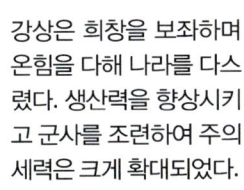

강상은 희창을 보좌하며 온힘을 다해 나라를 다스렸다. 생산력을 향상시키고 군사를 조련하여 주의 세력은 크게 확대되었다.

서백님!

그래, 올해 수확은 어떤가?

서백님 덕분에 올해도 풍년입니다.

양식도 풍족하고 군사도 많아졌습니다.

군사 훈련은 어떻게 진행되고 있소?

직접 가서 보시죠.

좋소. 당장 가서 봅시다!

아자!

허이! 다 죽었어!!

병사들이 아주 용맹하구려!

모두가 서백님 덕분입니다.

인재를 두루 등용하고 선정을 베푼 결과죠.

서백님, 우와 예 두 나라 군주가 뵙기를 청합니다.

무슨 일이지?

영토 분쟁을 해결해 달라는뎁쇼.

272

할아버지,
무거우시죠?
제가 들어드릴게요.

또 뭐야?

아냐,
내가 들어도 돼.

무거운 짐을 든
어르신을 못 본
체하는 건
옳지 않아요.

하하, 그런가?
그럼 수고 좀
해 주게.

아닙니다.
맡겨 주세요!

아……

어린애까지도 예절이 깍듯하잖아.

땅 가지고 싸우는 우리가 괜히 부끄러워지네.

서백을 만나는 건 굴욕을 자초하는 꼴이니 그만 돌아가자고.

그 땅은 우나라가 가지게.

아니, 그건 예나라 땅이야.

엥?

우와 예나라 군주가 돌아갔다고?

그렇다고 합니다.

겸양의 미덕을 갖춘
우리 백성을 보고
깨달은 바가 있었을
겁니다.

오호~!

서백님의
인덕이 그들을
감화시켰군요.

하하!
부끄럽구만!

허긴 땅 쪼가리
가지고 싸울 일이
뭐 있나?

식량과 군사가
넉넉한 데다 제후들까지
복종하고 있는 지금이야
말로 포악한 주왕을
정벌할 때입니다!

좋았어!
썬나썬나~

먼저 죄 있는
제후부터 토벌해
점차 주왕의 세력을
약화시켜야 합니다.

어느 나라를
가장 먼저
쳐야 하지?

바로
밀수국입니다!

밀수국의
군사력이 막강해
쉽게 이기기
어려울 텐데요

아니다.
밀수국 임금은
백성을 학대하여
이미 민심을
크게 잃었다.

그가 설사 열 배
더 강하다 해도
두려울 게 없다!

이크!

좋소. 당장
출격합시다!

밀수국

우리가 왜 폭군을 위해 싸워야 하는 거냐고?

인자하기로 소문난 서백을 따르는 건 어때?

오잉?

이참에 아예 폭군을 잡아서 우리의 성의를 보여주자!

좋아. 폭군을 잡으러 가자!

오, 밀수국 왕이 백성들에게 맞아 죽었다고요?

내 예상은 틀림없지. 암~

피 한 방울 묻히지 않고 밀수국을 접수했구려!

모두 다 서백님이 덕을 쌓았기 때문입니다.

주나라는 상나라가 통치하는 대부분 지역을 점령하고, 희창에게 귀순하는 부락도 갈수록 많아졌다. 하지만 안타깝게도 희창은 상나라를 멸하는 대업을 완수하지 못하고 병으로 세상을 떠났다.

文王陵

278

절개를 지킨 백이와 숙제

백이와 숙제는 상나라 말기 고죽국 임금의 아들이다. 백이의 성은 묵, 이름은 윤이며, 숙제의 이름은 지이다. 두 사람은 매우 겸손하고 예절을 잘 지켰다. 그런데 고죽국 임금은 유독 묵지만 사랑하고 장남인 묵윤을 싫어했다.

아버지, 이건 옳지 않다고요!

아버지… 형… 또 시작이군.

묵윤, 감히 애비에게 말대꾸하는 게냐?

형님이 순간 흥분해서 그런 것이니 고정하십시오.

지야, 넌 어찌 이리도 속이 깊으냐.

지가 동생이지만 더 똑똑하고 사려가 깊어서 왕위를 잇는 게 좋은데……

어느 날 고죽국 임금이 중병에 걸려 몸져 누웠다.

흑흑……

지야,
내가 죽으면
네가 왕위에 오르거라.
내 뜻을 이어 나라를
잘 다스려야 한다.

아버지,
왕위는 당연히
형님이 이어야죠!

어허,
너도 내 말을
거역하는 거냐?

힘드니까
여러 번 말하게
하지 마라.

쿨럭~

아닙니다.
소자, 나라를 잘
다스리겠습니다.

윤아,
넌 동생을
잘 보좌해야
하느니라
......

흑흑,
명심하겠습니다.
아버지……

엉~ 엉~

형님!

무슨 일이야?

아버지가 연로하셔서 사리 판단이 어려우신 거예요. 왕위는 당연히 형님이 이어야죠.

싫어. 아버지께 이미 널 잘 보좌하겠다고 약속드렸어.

장자 계승은 대대로 내려온 법도입니다. 왕위는 형님이 이으세요.

네가 나보다 임금에 더 어울려. 내가 옆에서 잘 보좌할게.

전 역사에 오명을 남기기 싫어요. 그러니 형님이 왕위에 오르세요!

알겠다…

절 예법을 어긴 나쁜 사람으로 만들 작정이세요?!

찰거머리 같은 자식!

아우는 훌륭한 인재니 나보다 나라를 잘 다스릴 거야.

내가 고죽국을 떠나면 맘 놓고 왕위에 오르겠지?

뭐? 형님이 고죽국을 떠났다고?

예~

이러다간 나만 법도를 어긴 천하의 나쁜 놈이 된다!

형님을 찾아서 왕위에 꼭 오르도록 해야 돼!

숙제도 왕위에 오르지 않고 즉각 짐을 챙겨 백이를 찾아 나라를 떠났다.

형님! 거기 서세요!

밤새 달렸다. 좀 서라!

헉, 여길 어떻게……

제가 숨어 살 테니 형님은 돌아가서 왕이 되셔야 합니다!

아… 아우야! 왜 이러느냐?

난 여기서 한 발자국도 안 움직일 거야.

그럼 같이 주나라로 가는 건 어떨까?

주나라요?

주나라가 살기 편안하고 희창도 명군이라고 하던데.

참으로 좋은 생각입니다. 갑시다~ 가요!

백이와 숙제가 주나라
에 갔을 때 희창은 이미
죽고 그의 아들 희발姬發
이 왕위를 계승했다.

저는 숙제
입니다.

저는 고국주의
백이라고
하옵니다.

두 분께 높은 벼슬을
내릴 테니 저를 잘
도와주십시오.

좋지?

뭐지,
이 상황은?

저희가 벼슬
때문에 이곳에 온
줄 아십니까?

네?!

이건 우리가
바란 게 아니다.
차라리 산에
들어가 살자!

저기…
잠깐……

285

두둥ㅡ

둥!

희발이
자기 아버지 관을
가지고 주왕에게
가고 있어!

이건 의롭지
못한 군대야!

무슨 일이
있어도 저들을
꼭 막아야 돼!

가시려거든
저희를 밟고
가십시오!!!

민의에 따라 포학한
주왕을 치러 가는데,
왜 앞길을 막는
것이냐?

벼슬 줄 땐
안 받더니
뭐하는
거야?

돌아가신 아버지를 땅에 묻지도 않고 전쟁을 일으키는 것이 '효'입니까?

또 신하가 군주를 공격하는 것이 '인'입니까?

간이 부었구나! 어디라고 감히.

우리를 죽인다고 불의의 군대란 사실이 바뀌진 않는다!

강상, 저들을 어떡하면 좋겠소?

저들은 의인이라 죽여서는 안 됩니다.

가다가 발병이나 나라!

십리나 가나 보자!

287

주나라 희발이 주왕을 무찔렀대!

아니, 이런 경사가!

상나라 백성이 주나라를 따르는 것은 큰 수치야!

형님 말이 맞아요.

오늘부터 수양산에 숨어 살면서 산속 채소나 열매를 먹자!

이제 주나라 세상이 됐으니 절대 주나라 식량을 먹지 맙시다!

당연하지!

수양산

저런! 가엾게도 ……

꼬르륵~

매일 채소만 캐서 먹으면 몸 버려요. 밥을 좀 드세요.

오~ 밥이다! 얼마만이냐!

우린 상나라 백성이다. 주나라 식량은 절대 안 먹는다!

아니지, 주나라 곡식은 먹지 않는다!

호호호~

왜 웃는 거지?

지금은 주나라 세상인데 선생들이 먹는 채소도 주나라 것 아닌가요?

아뿔싸!

헉!

……

훽―

결국 백이와 숙제는 고결한 뜻을 지키려다 수양산에서 굶어 죽었다. 의를 지키기 위해 목숨을 버린 이들의 미담은 지금까지도 널리 칭송되고 있다.

오늘부터 주나라 음식은 절대 안 먹어!

그럼 먹을 것이 ……

290

무왕이 상나라를 멸하다

주 문왕 희창이 죽은 후 그의 아들 희발이 즉위해 주 무왕武王에 올랐다.

서백님은 상나라를 멸하는 대업을 이루지 못하고 안타깝게 돌아가셨습니다.

흑, 제가 꼭 아버지의 뜻을 이루겠어요!

강상, 아버지를 도왔던 것처럼 절 계속 보좌해 주세요!

노신의 모든 걸 바쳐 주공을 돕겠습니다.

그대가 곁에 있어서 마음이 든든합니다!

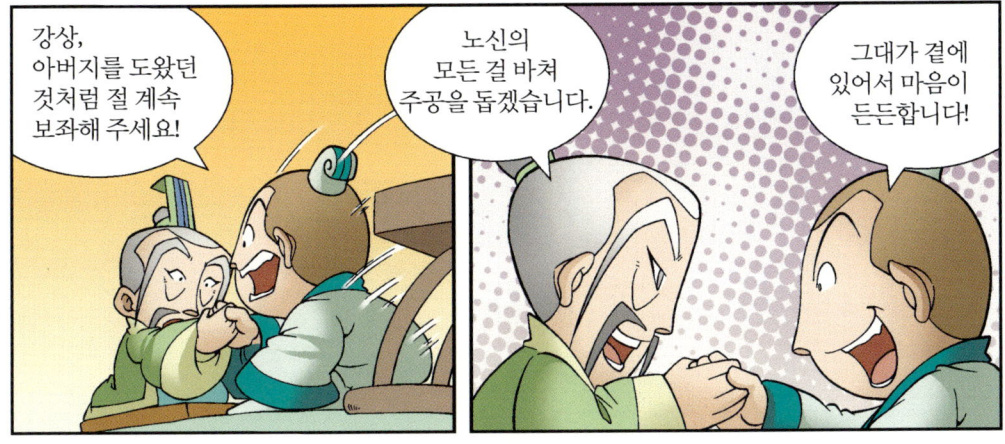

이듬해 무왕은 상나라를 토벌
하러 맹진으로 출격했다.

8백여 개 제후국이
맹진에서 대왕과
합류한다고 합니다.

반가운 소식
이군요. 그들에게
감사의 말을
전해야겠어요.

대왕께서
무도한 주왕 정벌
선봉에
서 주십시오!

우리는 대왕을
따르겠습니다!

다들 어려운
발걸음을 하셨는데
이번에는 그냥
고국으로 돌아가
주십시오.

으잉?
왜 주왕을
정벌하지 않죠?

292

주왕을 공격하기에는 아직 시기가 무르익지 않았습니다.

주왕을 토벌하고 싶은 마음은 나도 마찬가지지만 아직은 때가 아냐.

아버지, 보고 계시다면 폭군 주왕을 무찌르도록 힘을 주세요!

아, 허탈해. 빨리 주왕을 없애고 싶었는데.

조가

호호, 대왕이 또 졌어요. 자~ 여기 벌주.

달기가 따른 술이라 더 향기롭구나!

대왕,
이제 그만 조정에
나오시지요.

미자*?

짜증나는
놈이 또 왔네.

언제부터
내 일에
참견했다고?

이렇게 가다간
멸망한 나라의
전철을 밟을까
두렵습니다.

시끄럽다!
지금 날
저주하는 거냐?

아닙니다.
신은 다만 나라의
앞날을 걱정하는
것뿐입니다.

대왕,
흥이 깨집니다.
빨리 쫓아내세요.

젠장!
대왕은 이제
구제불능이야.

아오,
진짜 확 그냥!

못 들었느냐?
빨리 꺼져라.

* 미자微子
　주왕의 이복형으로 상 말기의 어진 신하이다.

미자!

비간*?

헉헉! 왜 갑자기
조가를
떠나는 거야?

주왕은 곧 천벌을
받을 거야.
빨리 떠나는 게
신상에 좋아.

임금이 잘못하고
있으면 신하가 목숨을
걸고 간언해야지.
떠나는 게 능사는
아니잖아!

자네가
못 하겠다면
내가 하지!

절대
안 들을 거야!
비간……

＊비간比干
주왕의 폭정을 간언하자 주왕이 그를 해부해 심장을 꺼내도록 했다.

달기를 참수하고
잘못을
바로잡으십시오!

대왕께서 달기를
총애하여 매일 술독에
빠져 계시니 나라가
망할 지경이라고요!

흥, 얘
뭐래니?

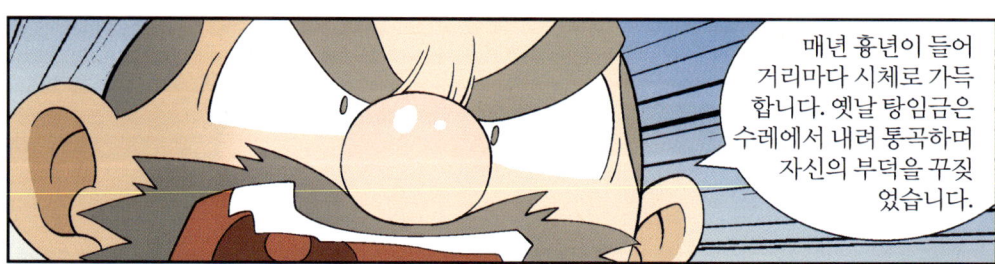

매년 흉년이 들어
거리마다 시체로 가득
합니다. 옛날 탕임금은
수레에서 내려 통곡하며
자신의 부덕을 꾸짖
었습니다.

대왕은 선왕의 선정과
정반대로 가고 있습니다.
이를 바로잡지 않으면
천하가 위태로워집니다.

비간! 연속 사흘이다.
매일 이러는 건
대체 무슨
억하심정이냐?

신하된 자로서 대의를 간언하는 것입니다.

무슨 대의?

하나라 걸왕은 선정을 행하지 않다가 천하를 잃었습니다. 대왕도 그자와 똑같다는 말씀입니다.

네놈이 감히!

가만, 그러고 보니 성인의 심장에는 구멍이 7개가 있다고 들었다.

네가 성인 행세를 하니 사실인지 확인해 볼까?

난 신하의 도리를 다할 뿐, 죽어도 좋다!

다만 상나라가 당신 손에 끝나는 게 안타까울 뿐이다!

당장 비간의 심장을 꺼내 와라!

주 부락

주왕이 비간을 죽이고 주변 사람들도 다 떠났으니, 주왕을 칠 때가 왔어요.

맹진에 가서 다시 제후들을 소집해 함께 주왕을 치십시오.

태사는 병법에 정통하니 원수가 되어 5만 정예병을 이끌어 주세요.

옙!

조가

뭐! 무왕의 군대가 이미 목야에 당도했다고?

예, 조가에서 고작 70리밖에…

병력은 얼마나 되느냐?

5만 정도라 합니다.

우헤헤! 가소롭군. 겨우 5만 병력으로 날 공격해?

동이를 정벌하면서 데려온 포로와 노예만 70만이다. 그깟 5만 명도 못 이기면 말이 안 되지?

승부는 뻔해 보입니다.

포로와 노예들을 집합시켜라. 내 직접 그들을 이끌고 역적들을 맞이하겠다.

예, 폐하!

우린 전쟁에 나가
본 적도 없는데,
괜히 개죽음
당하는 것 아냐?

내 말이.

주왕이 우릴
얼마나 잔혹하게
대했는데, 그를
위해 싸우라고?

동이의
포로들은
주왕이라면
이를 갈 거야.

좋아!

싸움이 나면
우린 무왕 편에
서서 싸우자!

주공의 섭정

무왕은 주(기원전 1046~771년)를 건국한 후 2년 만에 병사하고, 그의 아들 희송姬誦이 왕위를 이어 성왕成王에 올랐다.

주공, 희송이 겨우 13살인데 중임을 맡을 수 있을까요?

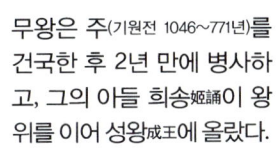

엉? 그…으래…

폐~하!

나 역시 지금처럼 복잡한 상황을 잘 헤쳐 나갈지 염려가 되오.

그러게 왜 무왕께서 임종 전에 왕위를 넘겨줄 때 받지 않았어요?

희송은 무왕의 장자니, 당연히 그가 왕이 되어야지.

희송을 전력으로 보좌할 테니 너무 걱정 말라고.

주공의 봉지는 여기서 아주 먼 노魯나라인데 어떻게 보좌하려고요?

그거야 다 방법이 있지.

백금*아, 내 대신에 노나라 왕을 맡아라.

정말로요?

* 백금伯禽
주공의 맏아들로 아버지를 대신해 노나라를 잘 다스렸다.

304

와, 신난다! 이제 내가 왕이다!

너무 좋아하지 마라. 내가 여기서 처리할 일이 있어서 잠깐 맡겨두는 것뿐이다.

에이……

제게 재능이 있어서가 아니군요.

왜 줬다 뺏고 그래.

너야 당연히 나라의 인재지.

아버지, 저는 어떤 점이 부족한가요?

난 문왕의 아들이자 무왕의 아우, 현 임금의 삼촌이다. 지위가 어떨 것 같니?

당연히
아~주 높죠!

그래서 머리를 감다가
급한 일이 생기면
머리채를 쥐고 일을
처리해야 돼.

또 밥을 먹다가
사람이 찾아오면
먹던 음식을 뱉고
만나야 하지.

이런데도 천하의
인재가 찾아오지
않을까 걱정된단다.

그래도 안
온다고요?

네가 노나라
군주가 되면
지위가 나보다
높으냐?

당연히 높지
않죠.

한 나라의 군주는
절대 거만해서는
안 된다.

네, 겸허한 자세로
인재를 구하고
노나라를 잘
다스리겠습니다.

얼마 후 병약했던 성왕이 중병에 걸리고 말았다.

그게 무슨 헛소리냐!

앗!

폐하께서 중병이 들어서 곧 돌아가실지도 모른대.

잘못했습니다. 폐하의 병이 워낙 깊어서 그만…

시종 말대로 대왕의 병이 깊으니, 이를 어쩐담…

다시는 헛소문을 퍼뜨리지 마라!

옙! 명심 하겠습니다.

물의 신이시여, 제 아이를 보우하사 제가 대신 병에 걸리게 해 주세요!

뭐지?

여기서 뭐하는 건가?

물의 신에게 중병에 걸린 제 아이 대신 병에 들게 해 달라고 기도했어요.

아하, 이런 방법이 있었구나!

물의 신이시여, 대왕은 아직 철부지라 모든 잘못은 제게 있습니다.

미친… 사람?!

대왕의 수명이 여기까지라면 차라리 저를 데려가십시오!

주공이 성심껏 성왕을 보좌하며 나랏일을 관장했지만 그의 형제인 관숙管叔과 채숙蔡叔은 주공의 섭정으로 인해 불만이 극에 달했다.

채숙, 우리도 같은 무왕 형제인데 주공만 대권을 쥐는 게 말이 돼?

듣고 보니 ......

관숙, 자네 말이 맞아. 난 예전부터 그가 싫었어.

무경이 두 분을 뵙길 청합니다.

우리에게 항복한 주왕의 아들 무경武庚이나 감시하라니. 이런 법이 어디 있어?

오잉?! 무경이 무슨 일로?

두 분이 주공의 섭정에 불만이 많으신 걸 보고 돕고자 합니다.

감시나 당하는 주제에 우릴 돕는다고?

부자는 망해도 삼대를 가는 법. 비록 상나라가 멸망했지만 옛 귀족들이 아직 많습니다.

네 계획이 무엇이냐?

주공이 왕위를 찬탈하려 한다는 유언비어를 퍼뜨려서 희송이 그를 멀리하게 하는 겁니다.

희송 그 아이만 남는다면 승부는 끝난 것 아니겠습니까?

오, 좋은 방법이다!

그럼 제 계책을 쓰는 겁니까?

이 두 바보를 이용해서 상나라를 재건하면 난 왕위에 오를 수 있어.

상을 되찾으려는 무경은 관숙과 채숙을 꼬드겨 주공이 왕위를 찬탈하려 한다는 소문을 널리 퍼뜨렸다.

폐하!
지금 주공이 왕위를 찬탈하려 한다는 소문이 파다합니다.

소공*,
걱정도 팔자세요.

주공은 제 숙부고 줄곧 제게 잘 대해 주었는데 왕위 찬탈이라니요?

대비해서 나쁠 건 없습니다.

듣고 보니 그렇군요. 주공을 완전히 신임해선 안 되겠어요.

* 소공召公
주공과 함께 주의 건국과 안정에 크게 기여했다.

311

요즘 주공이 안 보이네요?

폐하의 신임을 잃자 초 땅으로 떠났습니다.

그를 오해한 건 아닐까?

관숙과 채숙, 곽숙이 무경과 합세해 반란을 일으켰습니다!

뭐?

무경을 감시하라고 보냈더니 도리어 같이 반란을 일으켜?

이제 어떡하지?

충직한 주공을 왜 부르시지 않습니까?

하지만…

주공은 폐하가 중병에 걸렸을 때 대신 죽게 해 달라고 기도까지 올렸습니다.

이런 충신을 아직도 의심하십니까?

나 대신 목숨을?

이건 그때 주공이 쓴 기도문입니다.

……

빨리 주공을 모셔 와라!

내가 주공에게 대체 무슨 짓을!!

예!

다시 기용된 주공은 3년간의 악전고투 끝에 반란을 평정하고 무경을 처단하였다.

무경이 결국 주공의 손에 죽고 말았어.

주공이 우리도 살려두지 않을 거야.

자네와 곽숙은 마지못해 가담했으니 죽을죄는 아냐.

난 주공을 볼 면목이 없어서 죽음으로 죄를 씻을래.

관숙이 자살한 후 곽숙은 파직되고 채숙은 귀양 가 반란은 완전히 평정되었다. 주공은 성왕을 보필하여 집정한 7년 동안 통치 지위를 강화하고 일련의 법률과 제도를 제정한 후 성왕이 20살이 되자 모든 정권을 넘겨주었다.

목왕, 서쪽 정벌을 감행하다

기원전 976년, 소왕昭王의 아들 희만姬滿이 목왕으로 즉위했다.

궁에만 틀어박혀 있으려니 너무 심심해…

폐하, 처리해야 할 나랏일이 산더미입니다.

에휴, 잔소리 좀 그만하거라!

짹짹~

새소리가
너무
아름다운데?

휴~ 또
엉뚱한 데
관심 가지신다.

짹!

이런,
날아갔잖아!

저 새처럼
나도 자유롭게
다닐 수 있다면
……

천하의 주인인 폐하께서 어딘들 못 가시겠어요.

언제는 처리해야 할 나랏일이 많다며?

장난해?!

잠깐 다녀 오시는 거야 누가 뭐라고 하겠어요?

남쪽으로 형초를 정벌하신 아버지 소왕이 너무 부럽다.

그러다 결국 한수에서 변을 당하셨잖아요.

옳지!

탁!

헤~ 그것도 멋진 일이지.

폐하는 제 말을 전혀 듣지 않으시는군요.

317

심복하지 않는 부락을 토벌하는 건 놀러 다니는 게 아니잖아!

천하가 태평한데 복종하지 않는 부락이 있을까요?

견융!

네?

견융은 조공을 바치지 않으니 서쪽으로 그들을 토벌하자!

대신들이 반대할지도 모르는데……

견융 토벌 문제를 당장 논의해야겠다!

폐하,
절대 불가
합니다!

어진 덕으로
제후들을 감화
해야지 무력으로는
안 됩니다.

채공,
어째서 반대를
하시오?

견융이 날로
강성해져 틈만 나면
우리 국경을
침범하고 있다.

서쪽 정벌은 그곳
부락에 우리 군대의
위엄을 알리려는
목적도 있다.

이번 정벌에 내가
직접 출정하겠다!

319

이야, 저렇게 멋진 말이!

히이힝!

하루에 천리를 달리는 오추입니다.

조보가 기른 말은 늘 최고라니까!

이런 말이 또 있나?

당연합죠.

폐하를 위해 힘이 고른 준마 8마리를 바치겠습니다.

정말?

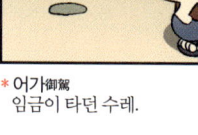

이번 정벌에선 이 말들이 어가*를 끌도록 한다!

* 어가御駕
임금이 타던 수레.

320

견융 부락

주 임금은 조용히 사는 우릴 왜 공격하는 거야?

당장 적군이 몰려오는데 그런 말이 무슨 소용인가.

문왕과 무왕은 선정을 펼쳤는데 지금은 걸핏하면 무력을 쓰니…

흥! 분명 무력을 뽐내고 싶어서 그럴 거야.

우리도 더는 참을 수 없습니다!

맞다, 우린 더 이상 주나라의 신하가 아니다!

와!

와!

와!

견융, 우리 대군을 보고도 당장 항복하지 않느냐?

항복 같은 소리 하네. 넌 천하의 주인이 될 자격이 없다!

저런 죽일 놈!

공격!

죽여라!

와~

주나라 군대가
너무 강해서
당해 내기
어렵습니다!

당장
철수하라!

우리 대군을
보고도 저항하더니
꼴좋구나!

견융이 우리 적수가
되겠습니까.
순식간에 박살난
것 보십쇼!

하하!

분수도
모르는 것들!

324

그런데 이번 승리로 고작 흰여우 네 마리와 사슴 네 마리를 얻었을 뿐입니다.

엥? 그게 말이 되느냐?

견융이 바치는 흰여우와 사슴을 더 많이 얻을 줄 알았는데……

됐다. 아무튼 이만큼 혼났으니 다시는 까불지 못할 것이다!

폐하, 이제 회군 하셔야죠?

무슨 소리?

325

승기를 잡았으니 서쪽으로 계속 쳐들어간다!

서쪽 세계를 더 보고 싶구나! 우하하하!

목왕은 서쪽 변방에 주나라의 힘을 보여주었다. 하지만 이런 의미 없는 과시는 아무런 효과를 보지 못하고 주나라의 세력은 점점 약화되었다.

백성의 입을 틀어막은 여왕

주의 10대 왕으로 등극한 여왕은 백성을 억압하는 가혹한 통치를 자행했다.

영이공, 국고가 텅 비었는데 어쩌지?

니가 다 썼으니 없지! 쯧쯧

제게 좋은 생각이 있습죠.

역시 영이공 일세. 얼른 말해 보거라!

천하는 모두 대왕의 소유입니다. 산과 바다에서 나는 물품을 왜 백성이 가져가게 하십니까?

어업과 사냥 금지를 명하시고 생산물을 모두 국고에 채우십시오.

오호! 이제 난 금방 부자가 될 수 있어!

그러자 생계 수단을 빼앗긴 백성들은 법을 어기고 몰래 살길을 찾아 나섰다.

그러니 서두르자고!

몰래 고기를 잡다가 목이 달아나는 것 아냐?

대왕이 영이공의 말만 듣고 삶의 터전을 빼앗았잖아!

고기를 못 잡게 하면 우린 어떻게 살라고?

배불리 먹고 죽는 게 굶어 죽는 것보다 나아!

맞아! 살려면 뭔들 못 해!

그런데 이러다 걸리면 어쩌지……

와, 월척이다!

이 정도면 가족이 모두 배불리 먹겠어.

순찰 군사에게 걸리지 않으려면 얼른 돌아 가자.

그래.

불법으로 고기를 잡는 놈들이다! 얼른 잡아라!

헉!

큰일이다. 걸리고 말았어.

아이고!

흥! 간댕이가 부은 놈들!

배가 너무 고파서 어쩔 수 없었다고요.

불쌍하니 이번만 살려 주겠다.

정말정말 감사합니다!

대신 물고기는 여기 두고 가거라. 흐흐……

네?!

어쩐지 호의를 보인다 했다!

호의도 모르는 놈 같으니!

뻥!

330

이 물고기는 내가 압수한다. 얼른 꺼져라!

흥, 벼룩의 간을 빼먹어라!

당시 도성 밖에 살던 농부를 '야인野人', 도성 안에 사는 평민을 '국인國人'이라 불렀다.

수도인 호경鎬京의 국인들은 여왕의 가혹한 통치에 불만을 품고 원성이 자자했다.

하하! 이 돈 좀 보게나!

쯧쯧, 돈을 저리도 좋아하다니.

소공, 난 이제 부자다!

계속 이러면 백성들이 살아갈 수 없습니다.

어업과 사냥을 금지했다고 못 산다더냐?

하루빨리 개혁을 취하지 않으면 난리가 일어나 수습하기 어려워집니다.

걱정 마라. 백성들의 입이야 틀어막으면 되니까.

백성의 생업을 금지했더니 몰래 물고기를 잡지 않습니까?

입을 틀어막아도 뒤에서 말이 많을 것입니다.

그럼 위나라의 무당을 부르면 되지.

무…무당이요?!

감히 누가 날 욕하겠나?

그 무당은 아~주 용해서 나를 욕하는 자를 바로 색출할 수 있다고.

아니 이게
얼마만인가?

오랜만에 봤으니
술이나 한잔
하러 가야겠다.

아니지.
무당이 감시
중이니……

헉!
부끄럽다.
내 손…

눈인사만
하는 게 낫겠어.
괜히 말
걸었다간……

무슨 나라가
이래? 친구랑
말 한 마디도
못 나누고.

어때?
감히 날 욕하는
사람이 없지?

물길을 터 줘야만
물이 바다로
흐르는 법.

나라를
다스리는
것도 이와
같습니다.

물길을 막으면
둑이 터지고,
사람들의 입을
막으면 큰 화를
부르게 됩니다.

쟤 말이
너무 많아!

아, 어떤
말도 들질
않으시는구나.

피곤하다.
그만 물러가라.

여왕의 폭정에 견디다 못한 국인이 마침내 무기를 들고 항거했다. 이를 '국인 폭동'이라고 부른다.

와ㅡ

반란을 일으킬 셈이냐?

우리도 참을 만큼 참았다. 이제 더는 못살겠다고!

폭군을
죽여라!

빨리 도망가십쇼.
저들이 곧
들이닥칠 겁니다.

뭐! 날
죽인다고?

어서
내 돈을 챙겨
따라오너라!

내 돈, 보석,
빨리! 빨리!

휴……
이 상황에서도
재물에 미련을
못 버리다니.

336

콰앙!

가증스런 폭군이 달아났다!

태자 정이 소공 집에 숨어 있다!

폭군이 달아났으니 태자라도 잡아야지.

태자를 잡자!

태자를
내놓아라!

여왕이 달아난 후 소공과 정공定公이 대신 조정을 다스렸는데, 역사에서는 이를 '공화정*'이라 부른다.

내 아들을
태자인 것처럼
꾸며서 저들에게
보내도록 해라.

무슨
아버지가
......

또 공화 원년인 기원전 841년은 중국 역사에서 구체적인 연대 확인이 가능한 최초의 시점이기도 하다.

화난 백성들이
그를 죽일지도
모릅니다.

여왕이 죽은 후 대신들은 태자 정靖을 옹립했다. 그가 바로 주 선왕宣王이다.

왕실을
보전하려면
이 방법밖에 없다.

* 공화정共和政
왕이 부재한 상황에서 여러 실권자들이 대신 공동으로 정무를 맡아보는 제도.

거짓 봉화로
제후들을
놀리다

선왕이 죽은 후 그의 아들 궁열宮涅이 유왕으로 즉위했다. 그는 간신 괵석보를 중용해 백성들에 대한 수탈을 더욱 강화했다.

흑흑, 가뭄으로 곡식은 말라 죽고 지진이 나서 집까지 무너지다니.

우리도 돌아갈 집이 없어서 사방을 떠도는 중이라고.

대왕이 간신 괵석보를 중용해서 무자비하게 착취하는 바람에 먹고살 방법이 없으니 원.

대왕에게 충언하는 신하도 없고.

궁전

괵석보, 정말 대단해. 백성들이 감춰둔 돈까지 싹 쓸어 오다니!

원래 대왕의 것을 가져왔을 뿐입니다.

포향이 뵙기를 청합니다.

또 도덕 나부랭이나 떠들러 왔군.

관중에 지진이나 이재민이 많습니다. 세금을 감면해 주십시오.

또 국력이 약해졌으니 부국강병에도 힘쓰십시오.

무슨 헛소리요! 대왕이 영명하신데 주나라가 망한다니?

너 같은 간신 때문에 우리 주나라가 망하게 됐다!

포향이 대놓고 주나라를 저주하는 댑쇼!

여봐라, 포향을 잡아 가둬라!

포나라

포 대인이 옥에 갇힌 지 3년이나 됐는데 구할 방법이 없군요.

유왕이 미색을 밝히니 미인을 뽑아서 보냅시다!

그러면 포 대인이 풀려날 수 있을 것이오.

좋은 생각이오.

341

이들은 나라를 뒤져 절세미인을 찾은 뒤 포사라고 이름 짓고 예절과 가무를 가르쳤다.

포사야, 넌 예쁘고 춤과 노래 실력도 뛰어나니 대왕이 분명 널 총애할 거다.

포 대인이 풀려나도록 절 궁으로 보내 주세요.

음……

기왕 이렇게 됐으니 꼭 대왕의 총애를 받도록 해라.

포 대인을 구할 수만 있다면 제 한 몸 기꺼이 희생할게요.

내일 궁으로 들어가면 평생 갇혀 살아야 할 텐데.

이것이 내 운명일까?

궁전

포사가
대왕을
뵙습니다.

와, 세상에
이리도
아리따운
미녀가!

포사는
우리나라에서
가장 아름다운
미녀입니다.

포사야,
날 보고 얼른
웃어 보거라.

그럼 감옥에
갇힌 포향 대인을
풀어 주세요.

그러고말고.
하하하!

이렇게 예쁜 미녀가 웃으면 더 매력적일 거야.

이건 견융에서 바친 희귀한 보물이다. 기쁘지 않니?

감사 합니다.

안 웃네.

널 위해서 특별히 동해까지 사람을 보내 캐온 거란다.

정말 예쁘네요.

보석을 보고도 무덤덤한 표정이라니.

이 멍청한 왕과 함께 사는 건 살아도 죽은 것과 같아.

언제쯤 난 자유의 몸이 될 수 있을까?

흥! 꼭 너를 웃게 하고 말 테다!

괵석보, 포사를 웃게 할 방법 좀 가르쳐 주시오.

견융의 침입에 대비해 도성 일대에 봉화대 20여 개를 설치했습니다. 견융이 습격하면 보초병이 바로 봉화에 불을 붙여 부근 제후들에게 신호를 보냅니다.

대왕도 봉화대를 아시지요?

알고 있지. 그게 뭐가 대단하다고.

제후들은 봉화를 보면 큰일이 난 줄 알고 바로 달려옵니다.

그런데 아무 일도 일어나지 않았다는 걸 알면 기분이 어떨까요?

허탕 치는 거지. 하하, 아주 재밌겠군.

이것이 바로 제가 드리는 방법입니다.

그래, 이 방법을 한번 써보자!

여산

포사, 오늘은 재밌는 구경 거리가 있다.

재미없기만 해봐라.

불을 붙여라!

화악-

와아-

와!

포사야, 한잔 하자꾸나.

대왕도 드세요.

하하! 오느라 수고 많았다. 사실 아무 일 아니다. 나와 애첩이 불을 피우며 논 것뿐이다!

어떻게 된 일이지?

장난이
심하잖아.

휴~ 대왕이
미색에 빠져서
국가 안위는
안중에도 없네.

훗! 군대를
어린애 장난으로
부르다니. 정말
어리석은 왕이야.

포사가
드디어 웃었다!

제후들은 유왕의
장난에 허탈해하
며 돌아갔다.

곽석보의 방법이
그대로 적중했으니
상금을 내려라!

감사합니다.

유왕은 포사의 환심을 사기
위해 왕후 신씨와 태자 의구
宜臼를 쫓아내고 포사를 왕
후로 삼았다. 또 포사가 낳
은 아들 백복을 태자에 임명
하고 전前 왕후의 부친인 신
후申侯를 공격하려고 했다.

대왕이
미색에 빠져서
시비도 분간
못 하다니!

태자 지위를 회복해
달라고 상소를
올렸을 뿐인데 우릴
공격하겠다고?

아버지는
이미 제가
필요 없어
졌어요.

걱정 마라.
내가 꼭 모든 걸
제자리로
돌려놓겠다.

348

뭐? 신후가 견융과 연합해 도성을 공격한다고?

빨리 봉화를 올려라!

제후들이 몇 번을 속았는데 과연 또 올까?

견융이 도성 코앞까지 쳐들어 왔습니다!

대왕이 봉화를 피워 우릴 또 놀리네.

이번엔 속아 넘어가지 말자고.

구원병은 왜 아직도 안 오는 거냐!

빨리 도망 가세요. 제후들은 안 올 거예요.

이 제후 놈들을 가만두지 않을 테다!

오늘에야 자유를 찾는 건가……

으악!

유왕은 봉화를 피워 제후들을 놀리다 결국 죽임을 당했다. 이로써 서주는 멸망하고 말았다.

다음 권에 계속됩니다…